Inhalt

W0322843

Einführung in das Unterrichtskonzept
Lernen in Bausteinen

Im Gleichschritt marsch! – Muss das so sein?

Die Schule hat die Aufgabe, allen Schülern gerecht zu werden. Die Heterogenität der Klassen verlangt eine größtmögliche Individualisierung des Lernens. Dies zu gewährleisten ist nicht immer einfach.
Die unterschiedlichen Lerntempi der Kinder sollen berücksichtigt werden, um Unter- bzw. Überforderung zu vermeiden. Dazu kommt, dass sich die Kinder nicht nur im Einschulungsalter, sondern auch im Wissensstand immer stärker unterscheiden. Doch alle sind gleichermaßen motiviert und uns Lehrkräften ist es wichtig, jedes Kind zunächst einmal dort abzuholen, wo es steht.
Muss es aber so sein, dass der schnelle Lerner ausgebremst wird, dass er die Lust und die Motivation verliert und auf der anderen Seite der langsamere und schwächere Lerner auf der Strecke bleibt, oft nicht mithalten kann, sodass sich seine Lücken ständig vergrößern?
Bei unserem Lernkonzept *Lernen in Bausteinen* liegt der Nutzen für die Kinder vor allem im mehr oder weniger selbstbestimmten Arbeitstempo, das es allen ermöglicht, die Lernziele möglichst sicher zu erreichen.

Was ist *Lernen in Bausteinen*?

Vorab ein kleiner Exkurs zur Pferdetrabrennbahn:

Zur Startvorbereitung gibt die Rennleitung bekannt, an welchem Teilnehmer sich das Rennen ausrichtet. Das bedeutet, alle Pferde müssen ebenso schnell sein wie dieser Teilnehmer. Es ist ausschließlich die Gangart „Trab“ erlaubt. Alle anderen Gangarten führen zur Disqualifikation des jeweiligen Pferdes. Ein Startauto fährt mit zwei ausgebreiteten Gitterflügeln vor den Pferden her, um zu verhindern, dass eines von ihnen von Anfang an zu schnell trabt.

Interessant sind die Parallelen zum Lernen in der Schule:

- Auch in der Schule gibt die „Rennleitung“ bekannt, in welchem Tempo getrabt wird. Oft werden mit den Kindern bereits vor dem Schulanfang Tests durchgeführt, um herauszufinden, ob sie „schulreif“ sind, also kognitiv, sozial oder motorisch im Tempo mithalten können.
- Die Homogenität innerhalb einer Klasse, also das „taktreine“ Traben, wird von vielen Lehrern sehr hoch bewertet. Sehr langsame Schüler – was sowohl geistig als auch motorisch Bedächtige zusammenfassen soll – werden früher oder später „disqualifiziert“.
- Bereits ab dem Schulstart bestimmt in der Regel der Lehrer das Tempo, in dem im Lernstoff vorangeschritten wird, und verhindert so, dass Schüler von Anfang an zu schnell „traben“. Kinder, die gern rascher lernen wollen und/oder können, werden meist auf spätere Zeiten vertröstet und so an den Gleichschritt gewöhnt.

Wissens- und Könnenstürme

Abhängig von ihrem Leistungsvermögen gelingt es den Kindern, sukzessive „Wissenstürme“ aufzubauen, die aus den Inhalten einzelner Lernabschnitte bestehen:

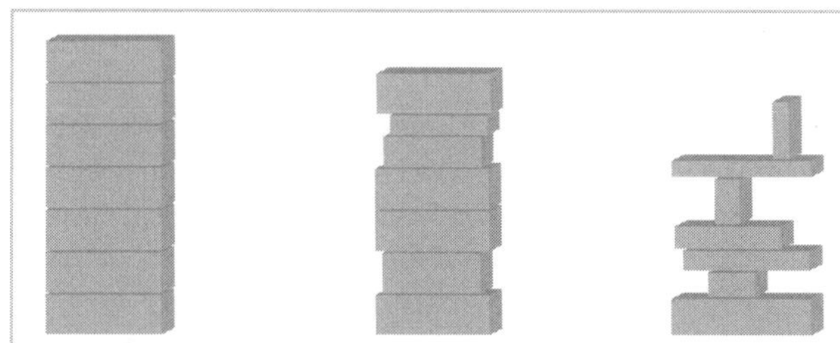

→ Sehr begabte Kinder verstehen jeden einzelnen Lerninhalt gänzlich, sodass ihre Wissenstürme sehr stabil und oft zügig nach oben wachsen.
Der eifrige und flotte Lerner arbeitet zielstrebig und kann, wenn er den Stoff der 1. Jahrgangsstufe noch vor Schuljahresende bewältigt hat, bereits mit dem Stoff der 2. Jahrgangsstufe beginnen.

→ Durchschnittlich talentierten Kindern gelingt es, die Lernabschnitte verhältnismäßig sicher zu durchdringen, sodass ihre Türme ebenfalls solide emporwachsen. Diese Schüler sind erfahrungsgemäß etwas langsamer und gehen gelegentlich Lerninhalte, die sie noch nicht ganz verstanden haben, von neuem an, bevor sie sie sichern. Die Erfahrung hat gezeigt, dass die Lernkurve bei diesen Kindern nicht gleichmäßig ansteigt und durchaus Schwankungen abzulesen sind. Für den einen oder anderen Aufgabenplan benötigen diese Schüler eben länger, dafür werden andere Lerninhalte rascher verstanden.

→ Langsamen und sehr langsamen Kindern ist das normale Lerntempo der Klasse häufig zu hoch, sodass ihre Erkenntnisse oftmals nicht ausreichen, um die Zusammenhänge hinreichend zu ergründen. Dementsprechend instabil wird mit zunehmender Größe ihr Turm, da er sich aus ungleichen Bausteinen und Kombinationen zusammensetzt.
Der Lehrer bemüht sich, durch Differenzierung Defizite auszugleichen, häufig daran verzweifelnd, dass seine Hilfsangebote nur sehr kurzfristig und wenig Erfolg haben. Der erwartete Lernzuwachs scheint sich nicht einstellen zu wollen. Wie soll ein Kind auch sicher bis hundert rechnen können, wenn es den Zehnerübergang noch nicht vollständig beherrscht?

Die Schatzkarte

Bei unserem Lernkonzept *Lernen in Bausteinen* unterteilen wir den Stoff für die Fächer Deutsch und Mathematik der 1. und 2. Jahrgangsstufe in Bausteine. Um dies für die Kinder zu visualisieren, wählten wir das Motiv „Piraten", die auf der Schatzkarte (s. S. 5 und CD) „Goldtaler" und „Edelsteine" sammeln.

Die Schatzkarte dient Lehrern, Eltern und Schülern zu jedem Zeitpunkt im Schuljahr als Übersicht über den Lernstand. Dort befinden sich alle Lerninhalte (dargestellt als „Goldtaler" und „Edelsteine") der jeweiligen Jahrgangsstufe. „Goldtaler" werden sukzessive erlernt, da ihre Lerninhalte aufeinander aufbauen.
Wenn der Schüler anhand seines Aufgabenplans (s. Erläuterungen S. 71) einen „Goldtaler" erarbeitet hat, schreibt er zu diesem Lerninhalt einen Test, um zu beweisen, dass er den Stoff beherrscht. In den „Goldtaler" auf der Schatzkarte und in den Aufgabenplan wird anschließend die Note oder ein entsprechendes Symbol (mögliche Symbole: A/++ für sehr gut, B/+ für gut, C/– für teilweise, D/–– für kaum) eingetragen. War die Lernzielkontrolle erfolgreich, darf der „Goldtaler" angemalt werden und das Kind kann zum nächsten „Goldtaler" vorrücken.
Für die langsameren Kinder ist durch das *Lernen in Bausteinen* gewährleistet, dass sie den Stoff zumindest bis zum erreichten „Goldtaler" auf der Schatzkarte beherrschen, ihn also ohne Lücke gelernt haben. Diese Schüler haben den Stoff der 1. Jahrgangsstufe nicht vollständig geschafft und arbeiten daher zu Beginn der 2. Jahrgangsstufe genau dort weiter, wo sie vor den Sommerferien aufgehört haben.
Die musischen Fächer sowie Heimat- und Sachunterricht wurden zur Ergänzung in die Schatzkarte mit aufgenommen und werden im Klassenverband unterrichtet.

Die Aufgabenpläne

Ein Aufgabenplan (s. oben rechts) spiegelt einen Lehrplaninhalt oder Teile davon wider. Der Aufgabenplan stellt also die Sequenz dar, die ich als Lehrer plane, um den Schülern einen Lerninhalt zu vermitteln. Folglich sammele ich für die Erarbeitung eines Aufgabenplanes Unterrichtsmaterialien, die zum Thema passen: Welche Seiten im Lehrbuch oder Arbeitsheft eignen sich? Welche Arbeitsblätter, Spiele und Materialien sollen verwendet werden?
Anschließend ist der didaktische und methodische Aufbau der Sequenz zu planen. Wo ist eine Erklärung für den Einzelnen erforderlich, wo kann entdeckendes und kooperatives Lernen stattfinden? Gibt es Möglichkeiten für offene Aufgaben, wo kann problemlösendes Denken erfolgen?

Mit den entsprechenden Symbolen (s. S. 10 und CD) werden die Kinder durch den Aufgabenplan geführt; so erfahren sie, wie sie zu arbeiten haben.

Alle bearbeiteten Aufgaben werden von den Kindern nach Erledigung angemalt – so haben Schüler, Lehrer und Eltern jederzeit einen genauen Überblick, wo die Kinder gerade stehen.
Am Ende eines Aufgabenplans kann eine Spieleinheit stehen. Sie dient der Vertiefung gelernter Inhalte und belohnt die Schüler am Ende einer manchmal langen Lernphase.

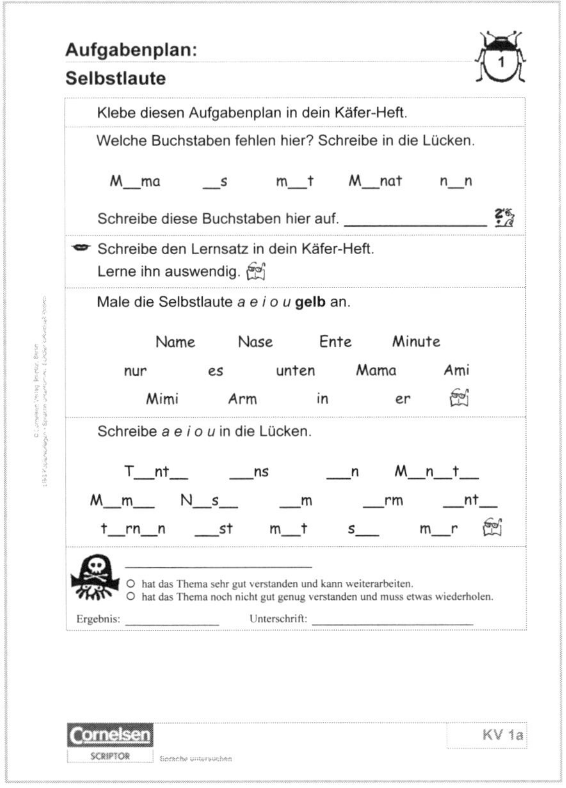
Aufgabenplan:
Selbstlaute

1

Klebe diesen Aufgabenplan in dein Käfer-Heft.

Welche Buchstaben fehlen hier? Schreibe in die Lücken.

M__ma __s m__t M__nat n__n

Schreibe diese Buchstaben hier auf. ________________

Schreibe den Lernsatz in dein Käfer-Heft.
Lerne ihn auswendig.

Male die Selbstlaute *a e i o u* **gelb** an.

Name Nase Ente Minute
nur es unten Mama Ami
Mimi Arm in er

Schreibe *a e i o u* in die Lücken.

T__nt__ __ns __n M__n__t__
M__m__ N__s__ __m __rm __nt__
t__rn__n __st m__t s__ m__r

____
O hat das Thema sehr gut verstanden und kann weiterarbeiten.
O hat das Thema noch nicht gut genug verstanden und muss etwas wiederholen.

Ergebnis: ____________ Unterschrift: ________________

Cornelsen SCRIPTOR Sprache untersuchen KV 1a

Die Vorteile des *Lernens in Bausteinen*

Für den Lehrer:
→ Der Lehrer wird zum Lernbegleiter.
→ Mehr Zeit für jedes Kind bedeutet mehr Zeit zum Fördern.
→ Lernprobleme können früh entdeckt werden.

Für den Schüler:
→ Selbstständigkeit und Selbstverantwortung wachsen durch bessere Selbsteinschätzung.
→ Sozialverhalten wird durch Toleranz, gegenseitige Hilfe und Kooperation entwickelt.
→ Dialogisches Lernen und lehrendes Lernen steigern die Lernkompetenz.
→ Selbstorganisation ermöglicht Bewegungsfreiheit.
→ Individualisierung ist gewährleistet.
→ Die Kinder erleben den Übergang vom Kindergarten in die Grundschule sanfter.

(Ausführliche Erläuterungen zum Konzept *Lernen in Bausteinen* finden Sie auf der CD.)

Name: ______________________________

Meine 1.-Klasse-Schatzkarte

I M A O S U R T N E D Au H F B L K P ch V W ie J Eu sch Ö G ng ck Ä ß Z Pf tz Sp Ü St Äu C X Y Qu Ch

DEUTSCH

- Sprechen und Gespräche führen: klare Sprechweise – umfangreicher Wortschatz – erzählt folgerichtig – informiert treffend
- Lesen und Schreiben lernen: Laute erkennen – Laut/Buchstabe zuordnen – Wörter erlesen – Silben erkennen – Texte erlesen – Sinnentnahme
- Richtig schreiben: Buchstaben – richtig abschreiben – Diktat Mitsprechwörter
- Sprache untersuchen: Selbstlaute – Namenwörter Tiere – Namenwörter Menschen – Namenwörter Dinge – Namenwörter Pflanzen – Begleiter – Namenwörter Einzahl/Mehrzahl – Namenwörter nicht anfassbare Dinge – Tunwörter
- Texte verfassen: Anlauttabelle anwenden – Wortgrenzen – ganze Sätze – zusammenhängende Sätze – abwechslungsreiche Wortwahl – Textlänge

MATHEMATIK

- Geometrie: rechts/links – Räumliche Wahrnehmung – Flächen
- Zahlen und Rechnen / Sachrechnen: **Zahlen** 0 1 2 3 4 5 6 7 8 9 10 – Zahlen zerlegen – < = > – einfache Aufgaben + und – – Blitzrechnen + – Kapitänsaufgaben (Transfer) + – – einfache Rechengeschichten – Blitzrechnen – – 1+1-Test 0 bis 10 100 Aufgaben – Geld bis 10 – **Zahlen 11 bis 20** – < = > – einfache Aufgaben + und – – Kapitänsaufgaben (Transfer) + – – Zeit: volle Stunden bis 12 – einfache Rechengeschichten – **Zehnerübergang** Blitzrechnen + – **Zehnerübergang** Blitzrechnen – – Kapitänsaufgaben (Transfer) + – – Geld bis 20 – einfache Rechengeschichten – Kapitänsrechengeschichten – Zeit: volle Stunden bis 24 – 1+1-Test 0 bis 20 140 Aufgaben

- **HSU**: Allgemeinwissen – Arbeitsweise – besonderes Interesse – LZK
- **KUNST**: Kreativität – Farbgespür – Technik
- **MUSIK**: Rhythmus – Singen
- **SPORT**: Regeln und Fairness – Geschick – Ausdauer

Meine 2.-Klasse-Schatzkarte

Name: ______________________________

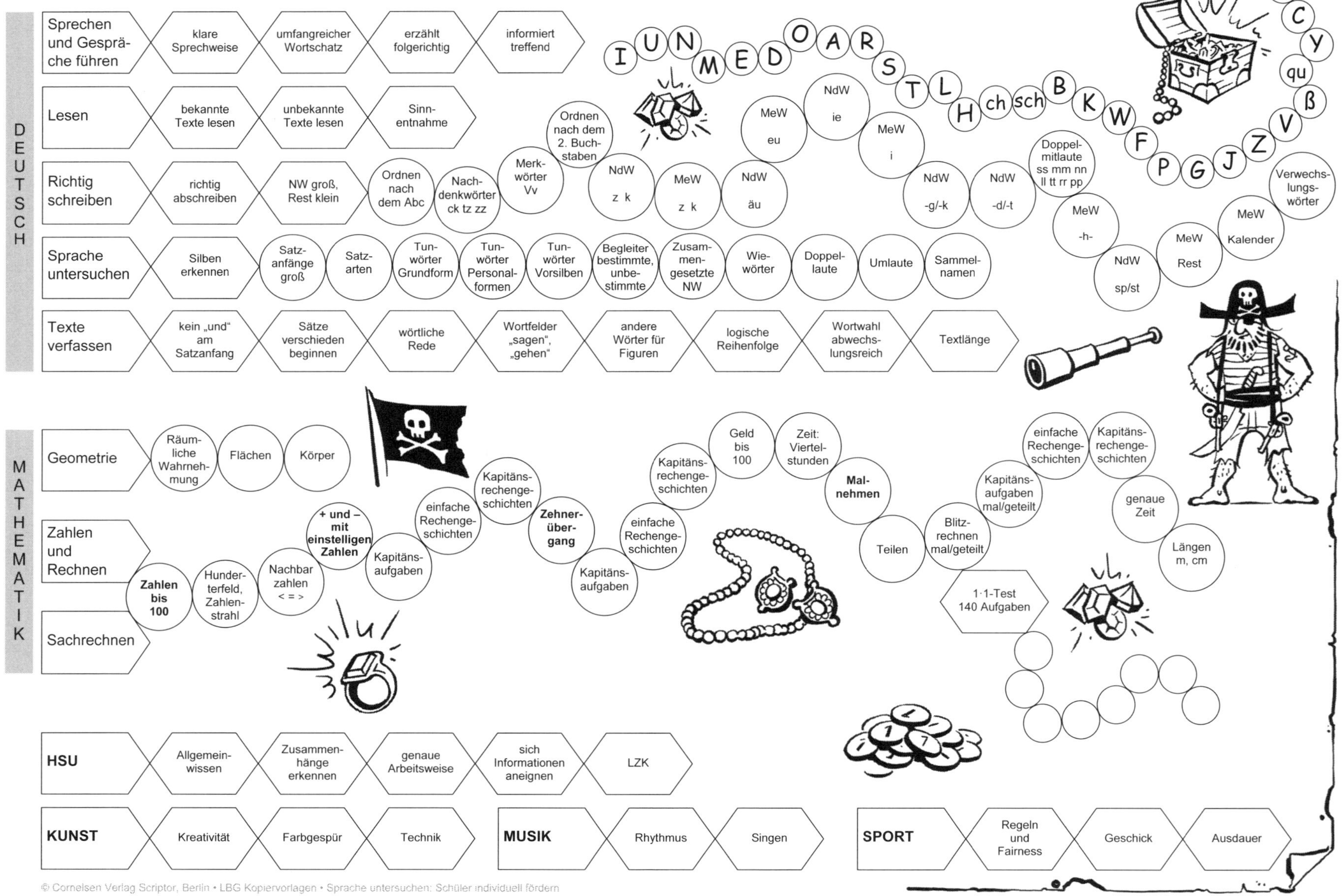

Einführung in den Lernbereich *Sprache untersuchen*

Themen

Im Lernbereich *Sprache untersuchen* ist der gesamte Unterrichtsinhalt der ersten beiden Jahrgangsstufen in „Goldtaler“ (s. Schatzkarte S. 5 und CD) gegliedert, deren Lerninhalte aufeinander aufbauen.
Dieser Bereich kann als Lehrgang vom möglicherweise eher gleichschrittig geführten übrigen Deutschunterricht abgekoppelt werden, indem man den Schülern bestimmte Lernzeiten für die Erarbeitung und Übung der Lerninhalte zur Verfügung stellt.

Entschließt man sich dazu, auch die Bereiche *Schriftspracherwerb* und/oder *Richtig schreiben* im *Lernen in Bausteinen* durchzuführen, werden die Deutschbereiche ineinander verwoben. Damit sich die Schüler besser orientieren können, empfiehlt es sich, die Abfolge der Lerninhalte an einem gut einsehbaren Platz im Klassenzimmer zu visualisieren.
Die Themenfolge „Selbstlaute“ bis „Tunwörter“ (s. Aufgabenpläne 1 bis 9) integrieren wir in den *Schriftspracherwerb* und in den ersten Teil des Schreibschriftlehrganges. Anschließend werden in den zweiten Teil des Schreibschriftlehrganges gelegentlich einzelne Themen aus den beiden Deutschbereichen *Richtig schreiben* und *Sprache untersuchen* eingewoben. Nach Abschluss des Schreibschriftlehrganges folgen in der Regel auf einen Baustein aus dem Bereich *Sprache untersuchen* jeweils zwei Bausteine aus dem Bereich *Richtig schreiben.*

Obwohl die Laute auch orthografisch ein Thema sind, haben wir sie aus Gründen der einfacheren Darstellung auf der Schatzkarte im Bereich *Sprache untersuchen* platziert.

Materialien

Wir verwenden für den Bereich *Sprache untersuchen* ein neues Schreibheft. Der Käfer ist das übergeordnete Symbol für den Bereich *Sprache untersuchen.* Lassen Sie zur Kennzeichnung die Kinder einen Käfer auf die Vorderseite ihrer Hefte malen.

→ **Arbeitsheft:** Zur Bearbeitung der Themen der 2. Jahrgangsstufe erhalten die Schüler ein Arbeitsheft (wird von verschiedenen Verlagen angeboten, wahlweise in Kombination mit Lerninhalten des Lernbereiches *Richtig Schreiben*). Ganze Seiten oder einzelne Übungen zum entsprechenden Thema werden im Aufgabenplan angegeben. Einige Übungen werden zu Wiederholungszwecken für spätere Aufgabenpläne aufgespart und dort integriert.

→ **Spiel:** In den Aufgabenplänen der 2. Jahrgangsstufe wird nach der Erarbeitungs- und Übungsphase in der Regel das „Käferspiel“ mit entsprechenden Wort- bzw. Satzübungen als Vertiefung und Belohnung angeboten. Es sollen im Unterricht zum Bereich *Sprache untersuchen* ja nicht nur schriftliche Übungsanteile Platz haben.
Die Spielkärtchen können Sie ohne großen Aufwand selbst herstellen, indem Sie die Lösungsseite auf die Rückseite der Aufgabenseite kopieren, am besten auf farbiges Papier. Beide Seiten mit dem entsprechenden Wort- bzw. Satzmaterial finden Sie ab S. 80 und auf der CD. Nach dem Laminieren schneiden Sie die Kärtchen aus und halten das Kartenpäckchen mit einem Gummi zusammen. Das Kärtchen mit dem Hinweis „Start“ muss stets oben auf dem Stapel liegen. Darauf folgt die Karte mit der Startfrage. Zur besseren Sortierung empfiehlt es sich, für jedes der noch folgenden Päckchen eine andere Papierfarbe zu verwenden.

Kleben Sie etwa 20 grüne Klebepunkte gleichmäßig verteilt auf den Spielplan (s. S. 79 und CD).
Hier noch einmal eine vereinfachte Spielanleitung für die Kinder (s. auch CD).

Folgenden Abschnitt kopieren und laminiert dem Spiel beilegen:

Käferspiel

Material:
Spielplan, Würfel, pro Spieler 1 Kegel, Wort- bzw. Satzkärtchen

Spielanleitung:
Der kleinste Spieler beginnt. Er würfelt und muss so viele Schritte ziehen, wie der Würfel zeigt.

Folgende Felder sind Ereignisfelder:

 Der Spieler muss in Pfeilrichtung ziehen.

Grüne Felder:
oberste Aufgabe der Wortkärtchen richtig lösen
→ richtig gelöst: auf dem Feld stehen bleiben
→ falsch gelöst: so viele Felder zurück, wie der Würfel zeigt

Sieger wird der, der als Erster ins Ziel kommt.

→ **Arbeitsblätter:** Bei Bedarf ergänzen wir die Aufgabenpläne durch Arbeitsblätter und nehmen dann das Symbol für Arbeitsblatt in den Aufgabenplan auf. Wenn in dem von unseren Schülern verwendeten Arbeitsheft wenig, kaum oder sogar gar keine Übungen zu dem jeweiligen Thema vorhanden sind, kopieren wir für sie ein Arbeitsblatt aus Kopiervorlagensammlungen.

Lernzielkontrollen

Jeweils am Ende eines Aufgabenplanes erfolgt eine Lernzielkontrolle. Bei der sukzessiven Erarbeitung der „Goldtaler" wurden in die Aufgabenpläne Wiederholungsübungen vorausgegangener Goldtaler eingearbeitet. Folglich werden in den Lernzielkontrollen das aktuelle und die vorher behandelten Themen geprüft.

Das Punkt- oder Notenergebnis wird in den Aufgabenplan und in die Schatzkarte im jeweiligen „Goldtaler" eingetragen.

Hat der Schüler zu wenige Punkte erreicht, hilft der Lehrer in den folgenden Tagen, vorhandene Schwächen zu beseitigen und die Lücke zu schließen. Anschließend wird dem Schüler die Lernzielkontrolle nochmals zur Bearbeitung vorgelegt.

Aufgabenpläne für die 1. Jahrgangsstufe

Erstes Thema: Selbstlaute
Nach der Einführung des letzten Selbstlautes im *Schriftspracherwerb* erfolgt eine kurze Unterbrechung in der Buchstabenfolge, um den Baustein „Selbstlaute" zu erarbeiten.

Damit die Kinder selbst erkennen können, wann ein Thema aus dem Bereich *Sprache untersuchen* ansteht, wird dies optisch einfach in der Buchstabenkette markiert. Dazu verwenden Sie ein Kärtchen mit dem Käfersymbol und der Aufschrift „Selbstlaute".
Kärtchen und Käfer-Heft haben am besten die gleiche Farbe.

Lehrendes Lernen
Natürlich muss den Kindern, die als Erste dieses Thema erreichen, Hilfestellung beim Erlesen der Aufträge im Aufgabenplan gegeben werden. Nach kurzer Zeit jedoch erklären diese wiederum gern den nachfolgenden Kindern, was zu tun ist. Sie werden zu „Experten" oder „Lernhelfern".

Visualisierung im Klassenzimmer
Zur Visualisierung der Schlagwörter zum Bereich *Sprache untersuchen* empfiehlt es sich, eine Wand im Klassenzimmer zu reservieren und zu bedenken, dass bis zum Ende der 2. Jahrgangsstufe noch viele Begriffe hinzukommen werden. Wir haben als Motiv den Käfer gewählt, passend dazu das Käfer-Heft und das Symbol Käfer im Hängeregister bzw. auf dem Materialkastenaufkleber. So können sich die Schüler die organisatorischen Zusammenhänge selbstständig erschließen. Auf der CD finden Sie eine vergrößerbare Blankovorlage für den Käfer, in dessen Bauch Sie das jeweilige Schlagwort/die jeweiligen Schlagwörter kopieren können. Sobald der schnellste Lerner ein neues Thema beginnt, wird der entsprechende Käfer an der Wand befestigt.

Abfolge der „Namenwörter-Goldtaler"
Das große Thema der Namenwörter für „Anfassbares" haben wir unterteilt in Teilthemen, nämlich Tiere, Menschen, Dinge und Pflanzen. Von diesen vier Wörtern können die Kinder in unserem Buchstabenlehrgang nach der Erarbeitung des Lautes *ie* das Wort „Tiere" als Erstes selbst erlesen. Deswegen erfolgt der Baustein „Namenwörter Tiere" als zweites „Käfer-Thema". Das bedingt wiederum eine kurze Unterbrechung im Buchstabenlehrgang nach *ie*.
Die anderen drei Namenwörter-Themen Menschen, Dinge und Pflanzen werden nach entsprechender Buchstaben-/Lautkenntnis an der richtigen Stelle im Buchstabenlehrgang dazwischengeschoben.

Die „Harte Nuss des Tages"
Um am Anfang oder am Ende der Deutschphase wieder alle Schüler in einem gemeinsamen Unterrichtsgespräch zusammenzufassen, hat sich bei uns die „Harte Nuss des Tages" fest etabliert. An der Tafel wartet jeden Tag ein laminiertes farbiges Blatt mit ebendieser Aufschrift darauf, dass die Lehrkraft ein Wort (später einen Satz) darunterschreibt.

– am Anfang des Buchstabenlehrgangs:
Man wählt ein lauttreues Wort und bittet die Kinder, dieses genau zu betrachten und sich dazu zu äußern, z. B. „Elefant". Das erste Kind liest das Wort vor. Dann könnten Schüler auf Folgendes kommen:
Das schreibt man groß, weil es ein Tier ist.
Ich kenne folgende Buchstaben: e, l, a, n.
Da sind drei Selbstlaute enthalten, nämlich zwei e *und ein* a.

– weiter fortgeschritten im Buchstabenlehrgang:
Man wählt z. B. ein Verb wie „rechnen":
Das ist kein Tier, man schreibt es klein.
Das ist kein Mensch.
Da sind zwei Selbstlaute, nämlich zwei e.

Man kann auch einen kurzen Satz wählen, z. B. „Das Kind schreibt".
„Kind" hat die Begleiter „ein" und „das". (Dieser Schüler ist bereits bei den Begleitern.)
„Das" ist ein Begleiter.
„Das" schreibt man normaler Weise klein, hier schreibt man es groß, weil es am Satzanfang steht.

Die „Harte Nuss des Tages" macht den Kindern viel Spaß, denn jeder kann sich einbringen. Ein weiterer Vorteil ist, dass permanent Themen des Teilbereichs *Sprache untersuchen* wiederholt und somit gefestigt werden. Außerdem „schnuppern" viele Kinder durch bloßes Zuhören in den Stoff, der noch vor ihnen liegt, hinein.

Sprache untersuchen 2. Jahrgangsstufe

Wiederholendes Lernen

Die Lerninhalte werden täglich bei der „Harten Nuss des Tages" wiederholt; zudem achten wir darauf, dass die von einem Kind erarbeiteten Lerninhalte auch schriftlich wiederkehren, damit die Begriffe fortwährend präsent sind. Aus diesem Grund gibt es in den Aufgabenplänen oft ein Arbeitsblatt als zusammenfassendes Wiederholungsblatt und/oder Wiederholungsaufgaben im Arbeitsheft. So kann der Schüler gut gerüstet die Lernzielkontrolle bearbeiten.

Die „Harte Nuss des Tages"

Weiter fortgeschritten im Stoff sind die Sätze länger und komplexer, z. B.: „Alle Schulkinder sitzen im großen Klassenzimmer." Folgende Beiträge der Kinder sind möglich:
„Schulkinder" ist ein zusammengesetztes Namenwort aus Schule + Kinder.
„Schulkinder" ist die Mehrzahl, die Einzahl heißt „Schulkind".
„Sitzen" ist ein Tunwort.
Zu „sitzen" kann man die Personalformen sagen: ich sitze, du sitzt, …
„Groß" ist ein Wiewort. Wie ist es? – Groß.
Bei „sitzen" kann man Vorsilben anhängen: nachsitzen, aufsitzen.
„Sitzen" enthält vier Mitlaute, nämlich s, t, z, n.
Bei „Klassenzimmer" kann man einen unbestimmten Begleiter davorsetzen, „ein" Klassenzimmer, und einen bestimmten Begleiter, „das" Klassenzimmer.
Das ist ein Aussagesatz, deswegen schließt er mit einem Punkt.
Man kann daraus einen Fragesatz bilden: Sitzen alle Schulkinder im großen Klassenzimmer?

Verwendete Symbole und ihre Bedeutung

Symbole	Bedeutung
	Arbeitsheft; möglich ist es auch, eine Figur o. Ä. aus dem Arbeitsheft, das in der Klasse verwendet wird, einzuscannen (→ Wiedererkennungseffekt)
	die Arbeitsergebnisse der Lehrerin zeigen
grau hinterlegte Fläche	als Überschrift farbig ins Käfer-Heft zu übertragen
	Piratentest: Lernzielkontrolle oder Diktat
	ausschneiden
	gut nachdenken
	Kind erklärt der Lehrerin, was es herausgefunden hat
	von der Lehrerin erklären lassen
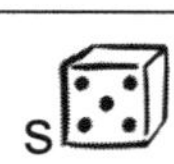	Spiel
	Arbeitsblatt

Aufgabenplan:

Selbstlaute

Klebe diesen Aufgabenplan in dein Käfer-Heft.
Welche Buchstaben fehlen hier? Schreibe in die Lücken. M__ma   __s   m__t   M__nat   n__n Schreibe diese Buchstaben hier auf. ________________
Schreibe den Lernsatz in dein Käfer-Heft. Lerne ihn auswendig.
Male die Selbstlaute *a e i o u* **gelb** an. Name   Nase   Ente   Minute nur   es   unten   Mama   Ami Mimi   Arm   in   er
Schreibe *a e i o u* in die Lücken. T__nt__   __ns   __n   M__n__t__ M__m__   N__s__   __m   __rm   __nt__ t__rn__n   __st   m__t   s__   m__r

____

○ hat das Thema sehr gut verstanden und kann weiterarbeiten.
○ hat das Thema noch nicht gut genug verstanden und muss etwas wiederholen.

Ergebnis: ______________ Unterschrift: ________________________

Name: Klasse: Datum:

1

Piratentest: Lernzielkontrolle

1 Schreibe die 5 Selbstlaute auf:

___ ___ ___ ___ ___

/5

2 Male die Selbstlaute **gelb** an.

Name Minute nur unten Monat

/10

3 Schreibe die Selbstlaute in die Lücken.

__ns M__m__ __rm __nt__

T__nt__ t__rn__n __n M__n__t__

N__s__ __st m__r T__m

/19

Von 34 Punkten hast du ________ Punkte erreicht.

Unterschrift:

Aufgabenplan:

Namenwörter für Tiere

Klebe diesen Aufgabenplan in dein Käfer-Heft.

Kreise bei den Tierwörtern den ersten Buchstaben **rot** ein.

Hase	Ente	Maus	Delfin	Ratte
Laus	Lama	Marder	Kamel	Biber
Otter	Seehund	Hund	Meise	Elefant

Was fällt dir auf?

Schreibe den Lernsatz in dein Käfer-Heft.
Lerne ihn auswendig.

Kreise die Namenwörter für Tiere **blau** ein.

DACHSMEISEAMEISEAMSELDELFINSTIERHUMMEL
WESPENASHORNFALKEADLERKAMEL

Tiere

Schreibe diese eingekreisten Namenwörter für Tiere richtig in dein Käfer-Heft.
Dachs, …

10 Tiere

Schreibe 10 andere Tiernamen in dein Käfer-Heft.
Denke an den ersten Buchstaben!

Kreise alle Namenwörter für Tiere in deiner Wörterbox **rot** ein.

Kreise bei folgenden Tieren die Selbstlaute **gelb** ein.

Kamel   Biber   Otter   Hund

____

○ hat das Thema sehr gut verstanden und kann weiterarbeiten.
○ hat das Thema noch nicht gut genug verstanden und muss etwas wiederholen.

Ergebnis: ____________   Unterschrift: ________________

Name: Klasse: Datum:

2

Piratentest: Lernzielkontrolle

1 Kreise die Tiere ein. /4

HUNDAMSELBIBERMARDER

2 Schreibe die Tiere aus Aufgabe 1 richtig ab.

__________ __________

__________ __________ /4

3 Schreibe zu jedem Tier den richtigen Namen.

__________ __________ __________ __________

__________ __________ __________ __________ /8

4 Schreibe 3 andere Namenwörter für Tiere auf.

____

____

__________ /3

5 Schreibe die 5 Selbstlaute auf:

___ ___ ___ ___ ___ /5

Von 24 Punkten hast du _______ Punkte erreicht.

Unterschrift:

Aufgabenplan:
Namenwörter für Menschen

3

Klebe diesen Aufgabenplan in dein Käfer-Heft.

Kreise bei diesen Wörtern den <u>ersten Buchstaben</u> **rot** ein.

Martin Lisa Mama Papa Oma Herr Meier Kind

Bauer Frau Heinrich Kristina Eduard Doktor

Was fällt dir auf?

Schreibe den Lernsatz in dein Käfer-Heft.

Lerne ihn auswendig.

Kreise die Namenwörter für Menschen **rot** ein. Es sind 6.
Kreise die Namenwörter für Tiere **braun** ein. Es sind 4.

MAMA WESPE UND OMA KINDER FINDEN ESEL MAUS

ELEFANT LISA HAUSMEISTER TURNEN MALER

Menschen und Tiere

Schreibe diese Namenwörter richtig in dein Käfer-Heft.

10 Menschen

Schreibe 10 andere Namenwörter für Menschen in dein Käfer-Heft.

Denke an den ersten Buchstaben!

Kreise alle Namenwörter für Menschen in deiner Wörterbox **rot** ein und schreibe sie in dein Käfer-Heft.

Kreise bei folgenden Namenwörtern für Menschen die Selbstlaute **gelb** ein.

Oma Lisa Maler Susi

____

○ hat das Thema sehr gut verstanden und kann weiterarbeiten.
○ hat das Thema noch nicht gut genug verstanden und muss etwas wiederholen.

Ergebnis: ______________ Unterschrift: ______________________

Name: Klasse: Datum:

Piratentest: Lernzielkontrolle

1 Kreise die Namenwörter für Menschen ein.

MEISTERVATERDOKTORMUTTER /4

2 Schreibe die Namenwörter für Menschen aus Aufgabe 1 richtig ab.

________________ ________________

________________ ________________ /4

3 Schreibe zu jedem Menschen den richtigen Namen.

__________ __________ __________

__________ __________ __________ /6

4 Kreise <u>alle</u> Namenwörter ein. Schreibe sie auf.

OMA	FINDEN	KAMEL	FRAU	VON
TAUBE	OPA	WARM	FUCHS	SCHON

/6

________________ ________________

________________ ________________

________________ ________________ /6

5 Male die Selbstlaute an.

Kinder Martin Tom /5

Von 31 Punkten hast du _______ Punkte erreicht.

Unterschrift:

Aufgabenplan:

Namenwörter für Dinge

4

Klebe diesen Aufgabenplan in dein Käfer-Heft.

Kreise bei diesen Wörtern den ersten Buchstaben **grün** ein.

Schule Garten Haus Buch Bauch Boden

Ampel Finger Kalender Telefon Nase Auto

Was fällt dir auf?

Schreibe den Lernsatz in dein Käfer-Heft.
Lerne ihn auswendig.

Kreise die Namenwörter für Dinge **rot** ein. Es sind 11.
Kreise die Namenwörter für Menschen **gelb** ein. Es sind 4.
Kreise die Namenwörter für Tiere **blau** ein. Es sind 2.
2 Wörter sind übrig.

MALER ESEL TISCH KABEL BAUER LISA LIMO

AMPEL DA DINOSAURIER FLASCHE DACH BUCH

DOSE SCHLEIFE FRAU REGEN SCHON GABEL

Dinge, Menschen und Tiere
Schreibe diese Namenwörter richtig in dein Käfer-Heft.

Denke an den ersten Buchstaben!

Trennen Schreibe alle diese Namenwörter mit Trennungsstrich in dein Käfer-Heft. Schreibe so: Ma - ler, …
Kreise bei jedem Wort die Selbstlaute **gelb** ein.

Dinge Kreise alle Namenwörter für Dinge, die man anfassen kann, in deiner Wörterbox **rot** ein.

____

○ hat das Thema sehr gut verstanden und kann weiterarbeiten.
○ hat das Thema noch nicht gut genug verstanden und muss etwas wiederholen.

Ergebnis: ____________ Unterschrift: ____________

Name: Klasse: Datum:

4

Piratentest: Lernzielkontrolle

1 Kreise die Dinge ein.

BUCHHOSENEST /3

2 Schreibe die Dinge aus Aufgabe 1 richtig auf.

__________ __________ __________ /3

3 Schreibe zu jedem Ding den richtigen Namen.

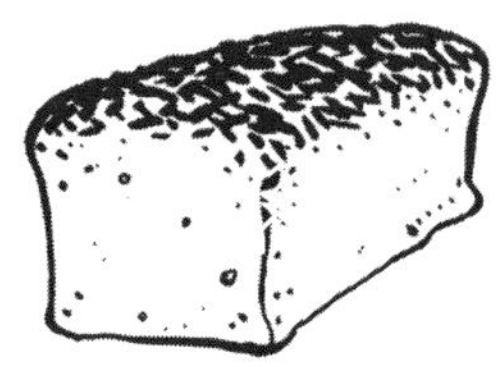

__________ __________ __________ /3

4 Kreise <u>alle</u> Namenwörter **blau** ein. Schreibe sie richtig auf.

MILCH	NEU	ELTERN	LEICHT
BEI	SCHLANGE	HAND	SINGEN
EIDECHSE	HIN	GAST	HÖREN

/6

__________ __________

__________ __________

__________ __________ /6

5 Male die Selbstlaute an und trenne die Namenwörter mit Trennungsstrich.

Brot Lampe Schule /5

__________ __________ __________ /3

Von 29 Punkten hast du _______ Punkte erreicht.

Unterschrift:

Aufgabenplan:

Namenwörter für Pflanzen

Klebe diesen Aufgabenplan in dein Käfer-Heft.

Kreise bei diesen Wörtern den ersten Buchstaben **rot** ein.

Baum Blume Gras Apfelbaum Sonnenblume

Löwenzahn Palme Birnbaum Kirschbaum

Was fällt dir auf?

Schreibe den Lernsatz in dein Käfer-Heft.

Lerne ihn auswendig.

Kreise die Namenwörter für Pflanzen **grün** ein. Es sind 5.
Kreise die Namenwörter für Dinge **rot** ein. Es sind 5.
Kreise die Namenwörter für Menschen **gelb** ein. Es sind 4.
Kreise die Namenwörter für Tiere **blau** ein. Es sind 2.
8 Wörter sind übrig.

BLUME BÖSE ESEL TISCH SCHNEIDEN BAUM

BAUER TRAGEN KIND GLAS ZWEI AMPEL

SCHAF UND DOKTOR GRAS FRISCH PALME

MANN LEISE DOSE REGEN TANNE DU

Pflanzen, Dinge, Menschen und Tiere

Schreibe diese Namenwörter richtig in dein Käfer-Heft.

Denke an den ersten Buchstaben!

Trennen

Schreibe alle diese Namenwörter mit Trennungsstrich in dein Käfer-Heft. Schreibe so: Blu - me, …

Kreise bei jedem Wort die Selbstlaute **gelb** ein.

____

○ hat das Thema sehr gut verstanden und kann weiterarbeiten.
○ hat das Thema noch nicht gut genug verstanden und muss etwas wiederholen.

Ergebnis: __________ Unterschrift: ________________

Name: Klasse: Datum:

5

Piratentest: Lernzielkontrolle 1

1 Kreise die Pflanzen ein.

GRASBAUMGETREIDE /3

2 Schreibe die Dinge aus Aufgabe 1 richtig ab.

_______________ _______________ _______________ /3

3 Schreibe zu jeder Pflanze den richtigen Namen.

_______________ _______________ /2

4 Kreise <u>alle</u> Namenwörter **blau** ein. Schreibe sie richtig auf.

LIMONADE UNKRAUT AST UND
ZIEGE PALME TIGER DORT
LEHRER KNOPF ARM SCHWESTER

/10

_______________ _______________
_______________ _______________
_______________ _______________
_______________ _______________
_______________ _______________ /10

5 Male die Selbstlaute an und trenne diese Namenwörter mit Trennungsstrich. /6

Palme Telefon Koch

_______________ _______________ _______________ /3

Von 37 Punkten hast du _______ Punkte erreicht.

Unterschrift:

Aufgabenplan:

Begleiter

Klebe diesen Aufgabenplan in dein Käfer-Heft.

Kreise immer das kleine Wörtchen **vor** dem Namenwort **rot** ein.

ein Baum   eine Sonne   der Kindergarten

die Schwester   das Schulhaus

Schreibe diese fünf eingekreisten Wörter hier auf:

____

Schreibe den Lernsatz in dein Käfer-Heft.

Lerne ihn auswendig.

20 Namenwörter mit Begleiter

Suche aus deiner Wörterbox 20 **rot** eingekreiste Namenwörter heraus und schreibe sie mit Begleiter in dein Käfer-Heft.

So geht's:

der Baum/ein Baum, die Blume/eine Blume …

____

- O hat das Thema sehr gut verstanden und kann weiterarbeiten.
- O hat das Thema noch nicht gut genug verstanden und muss etwas wiederholen.

Ergebnis: ____________ Unterschrift: __________________

Name: Klasse: Datum:

Arbeitsblatt

Begleiter gesucht

1 Klebe das Blatt in dein Käfer-Heft.

2 Ordne die Wörter **mit Begleiter** richtig ein.

der ____________	ein ____________
____________	____________
____________	____________
____________	____________
____________	____________
____________	____________
die ____________	eine ____________
____________	____________
____________	____________
das ____________	ein ____________
____________	____________
____________	____________

Name: Klasse: Datum:

Piratentest: Lernzielkontrolle 1

Namenwörter und Begleiter

1 Kreise alle Namenwörter ein.

MACHST IGEL NEU RUFEN BIRNE

SCHWESTER MEINER VASE KLEIN DURCH /4

2 Schreibe 3 der eingekreisten Namenwörter mit Begleiter auf.

__________ __________ __________ /3

3 Schreibe einen Begleiter dazu.

______Kalender ______Buch ______Schulkind

______Gärtner ______Waschmaschine /5

4 Lies folgenden Text. Unterstreiche die Namenwörter **rot** und alle Begleiter **gelb**.

Das Kind gibt seinem Vater ein schönes Vatertagsgeschenk. Der freut sich sehr. Die ganze Familie setzt sich in das Auto. Sie besuchen eine alte Burg und schauen sich die Ruine an.

NW /7

B /7

5 Trenne die Wörter.

seine Bruder rufen Hasenvater

Wald Aufgabe bewegen

__________ __________ __________

__________ __________

__________ __________ /7

Von 33 Punkten hast du _______ Punkte erreicht.

Unterschrift:

Aufgabenplan:

Namenwörter Einzahl und Mehrzahl

Klebe diesen Aufgabenplan in dein Käfer-Heft.

Schreibe die fehlenden Wörter auf.

der Baum	→ die Bäume	der Korb	→ die Körbe
das Haus	→ die ________	der Koch	→ die ________
der Löffel	→ die ________	das Kind	→ die ________
↓	↓	↓	↓
Wie viele?	Wie viele?	Wie viele?	Wie viele?
________	________	________	________

Schreibe den Lernsatz in dein Käfer-Heft.
Lerne ihn auswendig.

Ordne diese Namenwörter mit Begleiter in die Tabelle ein.

Maus, Gläser, Strauch, Gans, Glas, Mäuse, Blätter, Blatt, Gänse, Sträucher

Einzahl	Mehrzahl

20 Namenwörter mit Begleiter in Einzahl und Mehrzahl

Suche aus deiner Wörterbox 20 **rot** eingekreiste Namenwörter heraus und schreibe sie mit Begleiter in Einzahl und Mehrzahl in dein Käfer-Heft.
So geht's: *die Birne – die Birnen, der Apfel – die Äpfel …*

____

○ hat das Thema sehr gut verstanden und kann weiterarbeiten.
○ hat das Thema noch nicht gut genug verstanden und muss etwas wiederholen.

Ergebnis: ________________ Unterschrift: ________________________

Name: Klasse: Datum:

7

Piratentest: Lernzielkontrolle

1 Schreibe das Namenwort in der Einzahl oder Mehrzahl.

________ ________ ________ ________ ________ /5

2 Schreibe zu jedem Namenwort den richtigen Begleiter.

___ Baum ___ Gläser ___ Haus ___ Hunde ___ Familien /5

3 Fülle die Tabelle aus.

Einzahl	Mehrzahl
die Katze	
	die Freunde
der Flügel	
	die Pflanzen
die Schwester	
die Maus	

/6

4 Lies folgenden Text.
Unterstreiche die Namenwörter **rot** und alle Begleiter **gelb**.

Die Freundinnen von Lena sitzen auf der Bank. Ein Junge ist auch da. Er schenkt ihr eine Rose. Das Mädchen freut sich. Unter dem Tisch liegt eine Katze und schläft.

NW /8

B /6

5 Trenne die Wörter.

Telefon Wiesen Wege Tochter Häuser Freunde

__________ __________ __________

__________ __________ __________ /6

Von 36 Punkten hast du _______ Punkte erreicht.

Unterschrift:

Aufgabenplan:
Namenwörter für nicht anfassbare Dinge

8

Klebe diesen Aufgabenplan in dein Käfer-Heft.

1 Kreise alle Namenwörter für Tiere, Menschen, Dinge und Pflanzen **rot** ein. Trage sie in die Namenwörtertabelle ein.

TULPE LUFT GEHT GERÄUSCH MAURER FANGEN
KRAFT SINGT PFLAUME WOCHE LIEST KRÖTE
UND WARM MINUTE ZEIT OFT SEKUNDE

ein/eine	der/die/das	Mehrzahl
eine Tulpe	die Tulpe	die Tulpen

2 Es sind noch 7 andere Namenwörter bei den Wörtern in Aufgabe 1 versteckt. Findest du sie?
Trage auch diese in die Namenwörtertabelle ein. Denke an den ersten Buchstaben!

ein/eine	der/die/das	Mehrzahl

3 Was fällt dir bei diesen Namenwörtern auf?

Schreibe den Lernsatz in dein Käfer-Heft.
Lerne ihn auswendig.

Aufgabenplan:
Namenwörter für nicht anfassbare Dinge

8

4 Kreise alle Namenwörter für Tiere **blau** ein.

5 Kreise alle Namenwörter für Dinge **rot** ein.

6 Kreise alle Namenwörter für Menschen **gelb** ein.

7 Kreise alle Namenwörter für Pflanzen **grün** ein.

8 Kreise die Namenwörter für nicht anfassbare Dinge **schwarz** ein. 0 Wörter bleiben übrig.

ESEL TUCH MALER BLUME MAUER JUNGE LICHT
SCHAF NACHT VOGEL DOSE KAKTUS MÄDCHEN WIND
NEBEL KAMEL NELKE FRAU ROSE KASTANIE

9 Schreibe die eingekreisten Namenwörter in die Tabelle.

Denke an den ersten Buchstaben.

Namenwörter für				
Tiere	Dinge	Menschen	Pflanzen	nicht anfassbare Dinge

10 Trenne alle Namenwörter aus Aufgabe 9 mit Trennungsstrich. Schreibe sie in dein Käfer-Heft.

Aufgabenplan:
Namenwörter für nicht anfassbare Dinge

11 Schreibe alle Namenwörter für nicht anfassbare Dinge aus Aufgabe 9 in dein Käfer-Heft. Zeichne dazu zuerst selbst mit dem Lineal eine Tabelle.

So soll sie aussehen:

ein/eine	der/die/das	Mehrzahl

12 Suche in der Wörterbox alle Namenwörter für nicht anfassbare Dinge und kreise sie **rot** ein. Trage sie in die Tabelle in deinem Käfer-Heft ein.
Bei manchen gibt es keine Mehrzahl.

____

O hat das Thema sehr gut verstanden und kann weiterarbeiten.
O hat das Thema noch nicht gut genug verstanden und muss etwas wiederholen.

Ergebnis: _______________ Unterschrift: ______________________

Name: Klasse: Datum:

8

Piratentest: Lernzielkontrolle

1 Kreise alle Namenwörter ein. Schreibe sie richtig in die Tabelle.

ALLE FINGER MÖCHTE GRAS ICH NASE BÄCKER
TURNT WIND TIGER WARM KANN KLEIN METZGER
NAME VIEL KÄLTE ZORNIG KÖRPER WÄSCHT MAUS
WARUM ZWILLINGE WOCHE TRÄGT TELEFON
JANUAR ARBEITEST OFT ENG SONNENBLUME

Namenwörter für				
Tiere	Dinge	Menschen	Pflanzen	nicht anfassbare Dinge

/16

2 Fülle die Tabelle aus.

Einzahl	Mehrzahl
die Sekunde	
	der Käfer
der Fuß	

Einzahl	Mehrzahl
	die Eltern
der Strauch	
	die Enden

/6

3 Lies den folgenden Text.
Unterstreiche die Namenwörter **rot** und alle Begleiter **gelb**.

Die Stunde ist vorbei und die Kinder machen eine Pause.
Lisa isst ein Wurstbrot mit saftiger Gurke.
Der Nachbar schmatzt laut, weil das Gemüse gut schmeckt.

NW /8

B /6

Name: Klasse: Datum:

8

Piratentest: Lernzielkontrolle

4 Lies die Geschichte. Streiche in jedem Kästchen das falsch geschriebene Wort durch.

Im Juli/juli geht markus/Markus jeden tag/Tag am Nachmittag/nachmittag Auf/auf den Spielplatz/spielplatz. Dort trifft Er/er Seine/seine Freunde/freunde Und/und sie spielen Mit/mit dem Ball/ball ein/Ein spiel/Spiel.

/14

Von 50 Punkten hast du _______ Punkte erreicht.

Unterschrift:

Name: Klasse: Datum:

Zusatzübung

(bei Nichtbestehen der Lernzielkontrolle)

1 Kreise alle Namenwörter (19) ein und schreibe sie richtig in die Tabelle.

SPINNE SO MUTTER KANN SOFORT AUS
HOSE FEBRUAR SCHMATZT WÄRME HAAR JUNG
HALTEN HILFE MONAT FRISCH OSTERN SICH
BEI SEKUNDE WARUM NACHT LEISE JUNGE
TANTE WEIL TULPE KATZE KÄFER WIR
WO SAFT LEXIKON NEU SCHNELL SCHULE

Namenwörter für				
Tiere	**Dinge**	**Menschen**	**Pflanzen**	**nicht anfassbare Dinge**

Aufgabenplan: Tunwörter

9

Klebe diesen Aufgabenplan in dein Käfer-Heft.

1 Was tun die Figuren? Lege Wort und Bild zusammen.
Sprich so: Die Mädchen hüpfen.

2 Ratespiel: Spiele der Lehrerin drei Wörter davon vor.
Sie muss raten, welches Wort du meinst.
Was fällt dir bei diesen Wörtern auf?

Schreibe den Lernsatz in dein Käfer-Heft.
Lerne ihn auswendig.

3 Kreise alle Tunwörter **blau** ein. Es sind 10.
Stelle immer die Tunwort-Frage.

LAUFEN	NAME	ICH	BLAU	LESEN	GEBEN
KOPF	ARBEITEN	SUCHEN	VOR	VATER	QUAKEN
OKTOBER	HELFEN	RUFEN	SINGEN	TANZEN	DU

4 Schreibe diese Tunwörter in dein Käfer-Heft.
Denke an den ersten Buchstaben.

5 Trennen Schreibe alle diese Tunwörter mit Trennungsstrich in dein Käfer-Heft.

6 20 Tunwörter
Kreise alle Tunwörter in deiner Wörterbox **blau** ein.
Schreibe 20 davon in dein Käfer-Heft.

7 Namenwörter mit Begleiter in EZ und MZ
Kreise jetzt noch alle Namenwörter aus Aufgabe 3 **rot** ein.
Schreibe sie mit Begleiter in der Einzahl und Mehrzahl in dein Käfer-Heft. (Es sind 4 Namenwörter.)

____

○ hat das Thema sehr gut verstanden und kann weiterarbeiten.
○ hat das Thema noch nicht gut genug verstanden und muss etwas wiederholen.

Ergebnis: ________________ Unterschrift: ______________________________

Tunwörter

Bild- und Wortkarten ✂

Was tun sie?

	hüpfen
	gießen
	reden
	schreiben

Tunwörter

9

Bild- und Wortkarten ✂

rennen

glänzen

fahren

singen

Name: Klasse: Datum:

Piratentest: Lernzielkontrolle

1 Kreise alle Namenwörter **rot** und alle Tunwörter **blau** ein.

REGNEN BRUDER SCHNELL DICH NICHT

SAGEN ANGST LACHEN AUGE /6

a) Schreibe die Namenwörter: ______________________________

b) Schreibe die Tunwörter: ______________________________ /6

2 Schreibe 4 andere Tunwörter auf.

____________ ____________ ____________ ____________ /4

3 Schreibe zwei Namenwörter aus Aufgabe 1 mit Begleiter in Einzahl und Mehrzahl.

______________________ ______________________

______________________ ______________________ /4

4 Lies folgenden Text. Unterstreiche Namenwörter **rot**, Begleiter **gelb** und Tunwörter **blau**.

Die nächsten Ferien kommen bestimmt. Ein Mädchen und seine Familie fahren in den Urlaub auf eine Insel. Der Rest der Klasse und die Lehrerin bleiben daheim. Auch das wird ein Spaß.

NW /9 B /8 TW /3

5 Suche Reimwörter. Es sollen Tunwörter sein.

fressen	machen	singen	sollen
↓	↓	↓	↓
____________	____________	____________	____________

/4

6 Trenne die Wörter.

reden	suchen	arbeiten	lernen
____________	____________	____________	____________

/4

Von 48 Punkten hast du _______ Punkte erreicht.

Unterschrift:

Aufgabenplan:

Satzarten

10

Klebe diesen Aufgabenplan in dein Käfer-Heft.

S. S.

Hole dir die Seite „Die Kuchenbäcker“.

Schreibe den Lernsatz in dein Käfer-Heft.
Lerne ihn auswendig.

Die Kuchenbäcker

Schreibe die Sätze aus dem Rahmen unter dem Bild in dein Käfer-Heft.
Setze am Satzende immer das richtige Satzzeichen.
Markiere es farbig.

S. S.

Käferspiel
Satzarten

Hausaufgaben für Spieltage
S.
S.

____

O hat das Thema sehr gut verstanden und kann weiterarbeiten.
O hat das Thema noch nicht gut genug verstanden und muss etwas wiederholen.

Ergebnis: ______________ Unterschrift: ______________________

Die Kuchenbäcker

Lies die Sätze deinem Partner oder der Lehrerin vor.
Versuche, gut zu betonen!

Hanna mischt die Zutaten
Puh, ist das anstrengend
Wie viele Plätzchen backen wir
Uli legt die Plätzchen aufs Blech
Super, schon so viele
Vorsicht, das Messer ist scharf
Will jemand naschen
Ich lese euch jetzt das Rezept vor
Wie lange müssen die Plätzchen backen

In welchen 3 Sätzen wird etwas gefragt?
In welchen 3 Sätzen wird etwas gerufen?
In welchen 3 Sätzen wird etwas erzählt?

Name: Klasse: Datum:

10

Piratentest: Lernzielkontrolle

1 Nenne alle 3 Satzarten.

_______________ _______________ _______________ /3

2 Wo ist der Satz zu Ende?
Markiere mit einem langen Strich / .

IM GARTEN HABEN WIR EINEN IGEL WIE VIELE SCHNECKEN FRISST ER KOMM HER, DU STACHELTIER /3

3 Setze nach jedem Satz das passende Satzzeichen.

Der Igel ist klein ☐ Hat er Flöhe ☐

Judith streichelt den Igel ☐

Aua, die Stacheln stechen ja ☐

Mama, komm schnell ☐ Hast du dir weh getan ☐

Langsam krabbelt der Igel wieder davon ☐ /7

4 Mache aus den Wörtern den passenden Satz.
Schreibe den Satzanfang groß! Vergiss die Satzzeichen nicht!

Igel schwer ist wie der

Fragesatz ______________________________

Igel lass los den

Ausrufesatz ______________________________

Igel Tag am schläft der

Aussagesatz ______________________________ /9

Von 22 Punkten hast du _______ Punkte erreicht.

Unterschrift:

Aufgabenplan:

Tunwörter in der Grundform
Tunwörter in den Personalformen

11

Klebe diesen Aufgabenplan in dein Käfer-Heft.
1 Kreise alle Tunwörter **blau** ein. Es sind 12. Stelle immer die Tunwort-Frage: Was tut man? FINDEN ELTERN BRAUN BEWEGEN KLEIN ARBEITEN FINGER NASE DA LERNEN HALTEN GESTERN FREUND REDEN REISEN SCHLAFEN JA WARTEN ZEIT TURNEN SEKUNDE WASCHEN SUCHEN ZEHN
Schreibe den Lernsatz in dein Käfer-Heft. Lerne ihn auswendig.
2 Schreibe die eingekreisten Tunwörter richtig in dein Käfer-Heft. Denke an den ersten Buchstaben.
3 Lege die Blätter richtig an den Tunwörterbaum.
4 Klebe das Arbeitsblatt in dein Käfer-Heft. Schreibe vom großen Tunwörterbaum richtig ab. Lerne die 8 Personalformen in der richtigen Reihenfolge auswendig.
5 Schreibe zu den Personen immer das passende Tunwort in dein Käfer-Heft. Schreibe so: *lernen, ich lerne, du lerrnst, er lernt …*
6 Suche aus deiner Wörterbox 10 **blau** eingekreiste Tunwörter heraus und schreibe jedes in allen Personalformen auf. Schreibe so: *laufen, ich laufe, du läufst, er läuft …*
7 Kreise jetzt noch bei den Wörtern aus Aufgabe 2 alle Namenwörter **rot** ein. Es sind 6. Schreibe sie mit Begleiter in der Einzahl und Mehrzahl in dein Käfer-Heft.

Aufgabenplan:

11

Tunwörter in der Grundform
Tunwörter in den Personalformen

S. S.

Male in der Wörterliste bei allen Tunwörtern die er-Form **gelb** an. <u>Ausnahme:</u> Male **blau** an: *er liest*

Käferspiel
Tunwörter haben Personalformen

Hausaufgaben für Spieltage
S.
S.

____

○ hat das Thema sehr gut verstanden und kann weiterarbeiten.
○ hat das Thema noch nicht gut genug verstanden und muss etwas wiederholen.

Ergebnis: ______________ Unterschrift: ____________________

Tunwortbaum (1)

Kopiervorlage A3 und A4

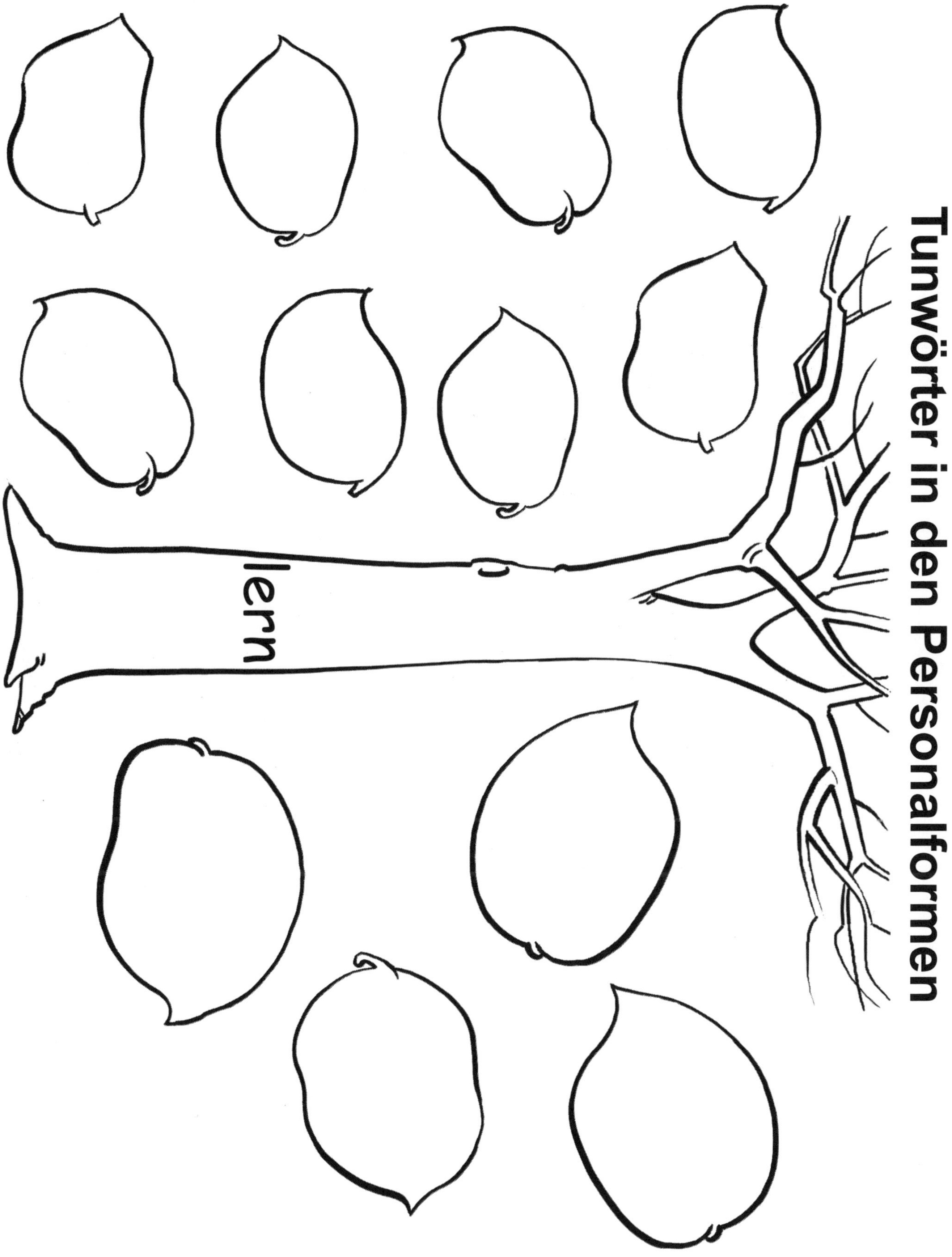

Tunwortbaum (2)

Kopiervorlage A4 ✂

Tunwortbaum (3)

Kopiervorlage A4 ✂

Name: Klasse: Datum: 11

Piratentest: Lernzielkontrolle

1 Kreise alle Namenwörter **rot**, alle Tunwörter **blau** ein.

HUND NEU MALEN STIFT

LAUFEN SO FRAU SINGEN ZWÖLF /6

a) Schreibe alle Namenwörter hier auf:

____

b) Schreibe alle Tunwörter hier auf:

____ /6

2 Schreibe ein Namenwort aus Aufgabe 1 mit Begleiter in Einzahl und Mehrzahl.

____ /2

3 Schreibe die Tunwörter in der Grundform auf:

liest: __________ malst: __________ rechne: __________ /3

4 Setze das Tunwort in der richtigen Form in die Lücke.

Lisa und Jan __________ (laufen) im Schnee. Das Mädchen __________ (rutschen) aus. Jan __________ (helfen) Lisa.

Dann __________ (bauen) sie einen Schneemann.

Er __________ (bekommen) eine rote Nase. /5

5 Lies den folgenden Text. Unterstreiche die Namenwörter **rot**, die Begleiter **gelb**, die Tunwörter **blau**.

NW /4
B /2
TW /2

Ein kleiner Igel läuft im Garten herum. Er findet die Schnecken bei Sonnenuntergang.

Name: Klasse: Datum:

11

Piratentest: Lernzielkontrolle

6 Trenne die Wörter.

Rock regnen bewegen finden

__________ __________ __________ __________

/4

7 Setze nach jedem Satz das passende Satzzeichen.
Schreibe die Satzart dahinter.

Alle Kinder gehen gern in die Pause ☐ → ________________

He, bleib doch stehen ☐ → ________________

/4

Von 38 Punkten hast du _______ Punkte erreicht.

Unterschrift:

Name: Klasse: Datum:

11

Zusatzübung

(bei Nichtbestehen der Lernzielkontrolle)

1 Schreibe alle Selbstlaute auf und lerne sie auswendig.

____

2 Schreibe diesen Satz 5-mal in dein Käfer-Heft:

Tunwörter schreiben wir klein.

3 Die Grundform von einem Tunwort endet immer mit den beiden Buchstaben

______________________________ .

4 Schreibe die Tunwörter in der Grundform auf:

turnt: ____________ baue: ____________ läuft: ____________

findest: ____________ singst: ____________ bewege: ____________

5 Kreise alle Namenwörter **rot**, alle Tunwörter **blau** ein.

KIND TURNEN AUF HELFEN

AST GUT ROCK FRAGEN

a) Schreibe alle Namenwörter hier auf:

____

b) Schreibe alle Tunwörter hier auf:

____

6 Schreibe alle Begleiter auf, die es gibt, und lerne sie auswendig.

____

Aufgabenplan:

Tunwörter mit Vorsilben

12

Klebe diesen Aufgabenplan in dein Käfer-Heft.

Welche Wortart steht auf den großen Rädern?

1 Drehe das Vorsilbenrad 1.
Welche Wörter kannst du entdecken?
Schreibe 5 Wörter davon auf deine Tafel.
Erkläre die Unterschiede zwischen den Wörtern.

Schreibe den Lernsatz in dein Käfer-Heft.
Lerne ihn auswendig.

2 Drehe das Vorsilbenrad 2.
Welche Wörter kannst du zusammensetzen?
Schreibe möglichst viele Wörter in dein Käfer-Heft (mindestens 15).

10 Tunwörter mit Vorsilben

Suche aus deiner Wörterbox 10 **blau** eingekreiste Tunwörter heraus.
Schreibe jedes mit möglichst vielen Vorsilben in dein Käfer-Heft.
Schreibe so: <u>kaufen</u>, verkaufen, einkaufen, …

S. S.

Käferspiel
Tunwörter mit Vorsilben

Hausaufgaben für Spieltage

S.

S.

____

○ hat das Thema sehr gut verstanden und kann weiterarbeiten.
○ hat das Thema noch nicht gut genug verstanden und muss etwas wiederholen.

Ergebnis: ______________ Unterschrift: ______________________

Vorsilbenräder

12

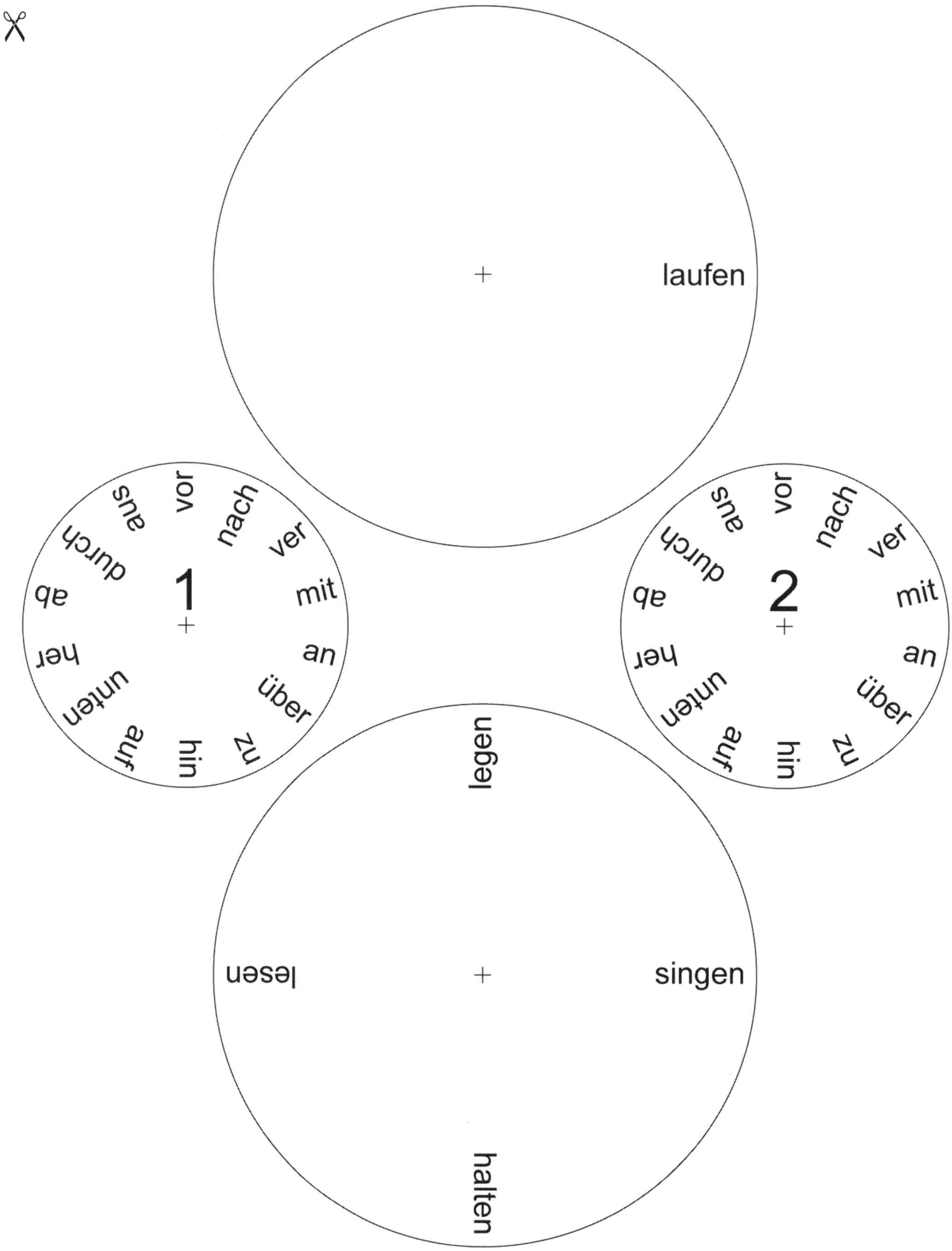

Name: Klasse: Datum:

12

Piratentest: Lernzielkontrolle

1 Kreise alle Namenwörter **rot** und alle Tunwörter **blau** ein. /4

KLEIDER ABSCHNEIDEN LICHT

MICH VERKAUFEN LIEB

a) Schreibe alle Namenwörter auf: ____________________

b) Schreibe alle Tunwörter auf: ____________________ /4

2 Schreibe zu jedem Tunwort eine passende Vorsilbe.

auf	lesen
vor	geben
nach	essen
zu	laufen

____

____

____

____________________ /4

3 Schreibe die Tunwörter in der Grundform auf.

verläuft überfällst zeige

____________ ____________ ____________ /3

4 Schreibe die Tunwörter richtig in die Lücken.

Ich ____________ (schreiben) gerade einen Piratentest.

Mein Herz ____________ (schlagen) nicht laut.

Die Lehrerin ____________ (geben) mir immer Tipps.

Das ____________ (helfen) mir.

Später ____________ (lesen) sie alles durch. /5

5 Bilde aus jedem Tunwort 3 neue Tunwörter mit Vorsilben.

schauen → ____________ ____________ ____________

legen → ____________ ____________ ____________ /6

6 Schreibe einen Fragesatz auf auf.

____________________________________ /3

Von 29 Punkten hast du ________ Punkte erreicht.

Unterschrift:

Aufgabenplan:
Bestimmte und unbestimmte Begleiter

13

Klebe diesen Aufgabenplan in dein Käfer-Heft.

Hole dir Felix' Wunschkiste.

1. Lies dir die Geschichte von Felix und dem Wunschzettel genau durch.
2. Überlege: Weiß die Oma, welcher Ball und welche Badehose gemeint sind, wenn auf dem Wunschzettel **ein** Ball und **eine** Badehose steht?

Die Oma fragt Felix: Was genau soll es sein?

Lege **einen Ball** aus der Kiste neben dein Heft und zeige darauf.
Schreibe so in dein Käfer-Heft: **Der** Ball soll es sein.
Mache das Gleiche mit allen anderen Dingen aus der Kiste.
Schreibe immer auf.

Schreibe den Lernsatz in dein Käfer-Heft.
Lerne ihn auswendig.

S.

S.

Käferspiel
bestimmte und unbestimmte Begleiter

Hausaufgaben für Spieltage
S.
S.

____

- O hat das Thema sehr gut verstanden und kann weiterarbeiten.
- O hat das Thema noch nicht gut genug verstanden und muss etwas wiederholen.

Ergebnis: __________ Unterschrift: __________

Der Wunschzettel

13

Felix hat bald Geburtstag. Deshalb schreibt er auf einen Wunschzettel, welche Geschenke er sich wünscht. Außerdem sammelt er aus Katalogen Bilder dieser Wünsche und legt diese zusammen mit dem Wunschzettel in ein Kistchen.

Meine Wünsche:
- ein Ball
- eine Badehose
- ein Kartenspiel
- ein Füller
- eine Uhr
- ein Märchenbuch
- ein Regenschirm

Name: Klasse: Datum:

13

Arbeitsblatt

Bestimmte und unbestimmte Begleiter

1 Kreise alle Namenwörter ein. Es sind 8.

BAUM ARBEITEST HINTER JANUAR WASCHE
NICHT HALS OFT OSTERN LÜGT DEIN AUGUST
SO MACHE ALS BODEN BEI ARM EI

2 Schreibe drei der eingekreisten Namenwörter mit bestimmtem Begleiter in der Einzahl und der Mehrzahl auf.

____

____

____

3 Schreibe den unbestimmten Begleiter dazu.

______ Telefon ______ Nase ______ Schere

4 Suche zu jedem Tunwort die Grundform.

scheint →	__________	gibt →	__________
sieht →	__________	hat →	__________
trägt →	__________	wäscht →	__________

5 Lies folgenden Text. Unterstreiche die Namenwörter **rot** (14), die bestimmten Begleiter **gelb** (6), die unbestimmten Begleiter **orange** (4), die Tunwörter **blau** (9).

Nach dem Vatertag bekommen wir drei Tage frei. Die Sonne scheint warm. Ein Gewitter gibt es am Freitagmorgen. Leider verschwindet die Hitze am Wochenende. Nun haben wir nur noch eine Woche Schule. Doch die Buchstaben schaffen wir. Eine Lesenacht gibt es dann auch endlich. Das Buchstabenheft sieht aus wie ein ganz dickes Heft. Das brauchen wir dann gar nicht mehr in der Schule.

Name: Klasse: Datum: 13

Piratentest: Lernzielkontrolle

1 Kreise alle Namenwörter ein.

FLÜGEL LIEST DURCH ENDE ODER
HILFE WÜNSCHST HAUS BIST APFEL /5

2 Schreibe drei der eingekreisten Namenwörter mit bestimmtem Begleiter in Einzahl und Mehrzahl auf.

____

____

____ /6

3 Schreibe den unbestimmten Begleiter dazu.

______ Fremde ______ Busch ______ Wurst
______ Schlange ______ Lexikon /5

4 Lies folgenden Text. Unterstreiche die Namenwörter **rot**, die bestimmten Begleiter **gelb**, die unbestimmten Begleiter **orange**, die Tunwörter **blau**.

Die nächsten Ferien kommen bald. Alle Kinder freuen sich auf eine Erholung. Ein Junge fährt mit seinen Eltern in ein Häuschen nach Italien. Eine Schülerin besucht das Legoland. Toll, zwei Wochen frei!

NW /10
uB /2
bB /4
TW /4

5 Bilde aus diesem Tunwort drei neue Tunwörter mit Vorsilben.

singen → __________ __________ __________ /3

6 Welches Satzzeichen fehlt?

Wer singt mir ein schönes Lied vor ☐ /1

Von 40 Punkten hast du ______ Punkte erreicht.

Unterschrift:

Aufgabenplan:

Zusammengesetzte Namenwörter

Klebe diesen Aufgabenplan in dein Käfer-Heft.

Franz wünscht sich einen Ball. Die Oma schenkt ihm einen Wasserball.
Jetzt ist er enttäuscht. Was denkst du, hat Franz falsch gemacht?

Wie kann er es besser sagen?

So entsteht das Wort Fußball: *Fuß* + *Ball* = *Fußball*

Was fällt dir auf?

Schreibe den Lernsatz in dein Käfer-Heft.

Lerne ihn auswendig.

Welchen Ball hat Franz gemeint?
Schreibe möglichst viele verschiedene Arten von Bällen in dein Käfer-Heft.

S. S.

Käferspiel
zusammengesetzte Namenwörter

Hausaufgaben für Spieltage

S.

____

○ hat das Thema sehr gut verstanden und kann weiterarbeiten.
○ hat das Thema noch nicht gut genug verstanden und muss etwas wiederholen.

Ergebnis: ______________ Unterschrift: ______________________

Name: Klasse: Datum:

Arbeitsblatt

Zusammengesetzte Namenwörter

1 Schreibe immer das Lösungswort dazu.

Ein **Wurm**, der bei **Regen** herauskommt. → ____________

Eier, die von **Hühnern** gelegt werden. → ____________

Ein **Haus**, das **Schnecken** tragen. → ____________

Eine **Schnecke**, die im **Garten** lebt. → ____________

Ein **Käfer**, der im **Mist** lebt. → ____________

Ein **Frosch**, der im **Gras** lebt. → ____________

2 Schreibe **10 komische zusammengesetzte Wörter** in dein Käfer-Heft.

HUNDE PUDEL SCHUH APFEL MÜTZE ANGST TÜR HAUS

KISSEN WURST FEDER KANNE EISEN BALL HAND LEBER

Schreibe so: Hunde + Leber = Hundeleber
Apfel + Schuh = Apfelschuh

3 Hier geht es um dreifach zusammengesetzte Namenwörter. Schreibe immer das Lösungswort dazu.

Eine **Tür**, die zu einem **Zimmer** gehört,
in dem **Kinder** wohnen, ist eine ____________.

Ein **Buch**, das viele **Witze** über
Tiere erzählt, ist ein ____________.

Eine **Schnecke**, die in einem **Berg** lebt,
der mit **Wein** bewachsen ist, ist eine ____________.

4 Kreise in den Wörterschlangen die einzelnen Namenwörter ein.

Buchstabensuppenfettauge	Schinkennudelauflaufform
Donaudampfschiffkapitän	Hundehüttenstrohdach

5 Erfinde selbst **4 Wörterschlangen** und schreibe sie in dein Käfer-Heft. Wie viele Namenwörter kannst du darin unterbringen?

Name: Klasse: Datum: 14

Piratentest: Lernzielkontrolle

1 Kannst du vier Namenwörter sinnvoll zusammensetzen? Verbinde.

WASSER GARTEN KNOPF HAND

FLASCHE GEMÜSE HAUS

TÜR SAND UHR HOSE

/4

2 Schreibe die vier zusammengesetzten Namenwörter **richtig** auf.

______________________ ______________________

______________________ ______________________

/4

3 Ergänze in jedem Satz das zusammengesetzte Namenwort.

Das Auto von der Post ist ein

____

Die Krone von einem König ist eine

____

Die Decke, die zum Bett gehört, ist eine

____

/3

4 Erkläre diese Wörter.

Eine Haustür ist

____

Ein Geldbeutel ist

____

/4

Von 15 Punkten hast du _______ Punkte erreicht.

Unterschrift:

Aufgabenplan:

Wiewörter

15

Klebe diesen Aufgabenplan in dein Käfer-Heft.
Lege die Katzenbilder vor dich hin und löse das Rätsel. Lege etwas auf die falschen Katzen, am Schluss bleibt nur eine übrig.
Schreibe den Lernsatz in dein Käfer-Heft. Lerne ihn auswendig.
Katjas Katze Schreibe einen von Katjas Sätzen in dein Käfer-Heft. Finde das Wiewort mit der Wiewortfrage. Unterstreiche das Wiewort dann **grün**. Schreibe so: Ihr Fell ist mehrfarbig. → das mehrfarbige Fell Schreibe die anderen 4 Sätze von Katja genauso.
Suche mit der Wiewortfrage „Wie ist es?“ alle Wiewörter aus der Wörterbox heraus und kreise sie **grün** ein. **10 Wiewörter** Schreibe von diesen Wiewörtern 10 in dein Käfer-Heft, und zwar so: Wie ist es? schön – das schöne Haus Wie ist es? klein – der kleine Baum
S.
Käferspiel Wiewörter

Hausaufgaben für Spieltage
S.
S.

____

○ hat das Thema sehr gut verstanden und kann weiterarbeiten.
○ hat das Thema noch nicht gut genug verstanden und muss etwas wiederholen.

Ergebnis: ______________ Unterschrift: ______________________

Rätsel: Katzenbilder

Schau jedes Katzenbild ganz genau an. Dann kannst du das Rätsel lösen.

Katja hat eine Katze. Findet ihre Freundin Marlene heraus, welche es ist?

1 An welchen Wörtern von Katjas Sätzen hast du die richtige Katze erkannt?

2 Wie heißen diese Wörter?

3 Wie schreibt man diese Wörter?

Name: Klasse: Datum:

15

Arbeitsblatt: Wiewörter

✂

Wie ist es?

nass	hart	spitz	rund	leicht	dumm	scharf
weich	hoch	biegsam	glatt	klein	sauer	dunkel
rot	laut	eckig	hell	heiß	warm	bunt

1 Schneide das obere Kästchen mit der Überschrift und den Wiewörtern aus und klebe es in dein Käfer-Heft.

2 Schneide nun die Bilder aus und klebe sie in dein Käfer-Heft. Schreibe 2 oder mehr passende Wiewörter dazu.

✂

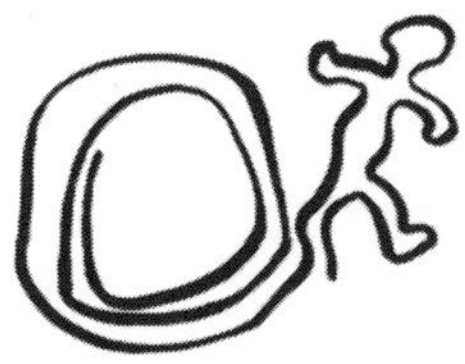

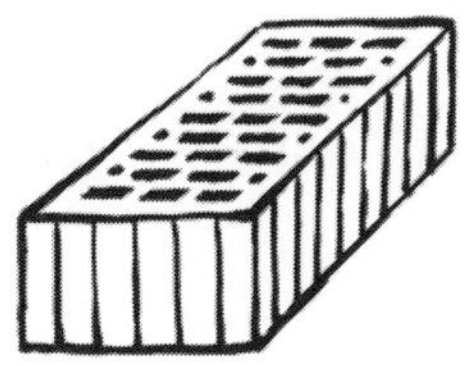

Name: Klasse: Datum:

15

Piratentest: Lernzielkontrolle

Wiewörterprofi

1 Kreise alle Namenwörter **rot**, alle Tunwörter **blau** und alle Wiewörter **grün** ein.

SCHULE LEICHT AUGUST REGEN WARM

GEHEN NASS RUFEN TEILEN

a) Schreibe alle Namenwörter auf:

____

b) Schreibe alle Tunwörter auf:

____

c) Schreibe alle Wiewörter auf:

____ /9

2 Ergänze in jedem Satz ein passendes Wiewort.

Das Fell von Katjas Katze ist ____________. Die Blume ist ____________. In meinem Bett ist es ____________. Im Winter ist es draußen ____________. /4

3 Male die Selbstlaute **gelb** an. Trenne die Wörter in Silben.

gesund rosa langsam munter /4

____________ ____________ ____________ ____________ /4

4 Setze die Wiewörter richtig ein.

lang streng grün alt lustig tief

das ____________ Wasser der ____________ Vater

die ____________ Vase der ____________ Busch

die ____________ Mädchen die ____________ Haare /6

Piratentest: Lernzielkontrolle

5 So viele Fehler! Es sind genau 7, und zwar nur am Wortanfang. Schreibe die Sätze richtig auf. Denke an die Regeln für Namenwörter, Tunwörter und Wiewörter.

Im winter liegt schnee. Lena Spielt im garten. Der Schöne schal von Lena ist Bunt.

____

____ /7

6 Schreibe einen Aussagesatz auf.

____

____ /3

Von 37 Punkten hast du _______ Punkte erreicht.

Unterschrift:

Aufgabenplan:

Doppellaute

16

Klebe diesen Aufgabenplan in dein Käfer-Heft.
Male alle Selbstlaute **blau** an. hier neun aus nein Mäuse Mai Was fällt dir auf?
Schreibe den Lernsatz in dein Käfer-Heft. Lerne ihn auswendig.
20 Wörter mit Doppellauten Suche 20 Wörter mit Doppellauten aus der Wörterliste heraus und schreibe sie in dein Käfer-Heft. Male die Doppellaute **blau** an.
S. S.
Käferspiel Doppellaute

Hausaufgaben für Spieltage
S.

____

O hat das Thema sehr gut verstanden und kann weiterarbeiten.
O hat das Thema noch nicht gut genug verstanden und muss etwas wiederholen.

Ergebnis: _______________ Unterschrift: _______________

Name: Klasse: Datum:

16

Arbeitsblatt

Laute und Wortarten

1 Nenne alle 5 Selbstlaute. ______________________

2 Nenne alle Doppellaute. ______________________

3 Nenne 5 Mitlaute. ______________________

4 Denke dir Wörter aus, die mit folgenden Buchstaben beginnen:

	Namenwort	Tunwort	Wiewort
M m	________	________	________
L l	________	________	________
B b	________	________	________

5 Unterstreiche alle Wiewörter **grün** (3) und setze sie richtig ein.

kurz eine Blumen der flink Tennis
beißen richtig müssen Buch fahren

ein ________ Bleistift, die ________ Lösung, die ________ Katze

6 Unterstreiche alle Tunwörter **blau** (4).

schnell kurz Bad springt kommen grün bringe du mir spielst

7 Unterstreiche die verschiedenen Wortarten:
Namenwörter **rot** (14), Tunwörter **blau** (11), Wiewörter **grün** (5), bestimmte Begleiter **gelb** (7), unbestimmte Begleiter **orange** (3).

Die Sonne scheint hell. Viele Schmetterlinge flattern über die Wiese. Gerade setzt sich ein Zitronenfalter auf eine Blüte. Er beginnt, den süßen Blütensaft aus der Blüte zu saugen. Da fliegt eine Hummel heran und kriecht vorsichtig in die Blüte hinein. Für beide Tiere gibt es genug Saft. Dann faltet der Schmetterling langsam seine Flügel auf und flattert los. Die Hummel summt brummelnd auch davon.

Name: Klasse: Datum:

Arbeitsblatt

8 Setze bestimmte und unbestimmte Begleiter in der richtigen Form ein.

Auf _____ Berg wohnt _____ Mann, der _____ riesengroßen Hund besitzt. Vor _____ unheimlichen Tier fürchten sich _____ Junge und _____ Mädchen, die beide am Fuß _____ Berges wohnen.

9 Unterstreiche alle Tunwörter **blau** und setze sie richtig ein.

mag pfiffig Traktor fährt Block schneidest scheußlich Fuchs

Warum _______________ du das Papier? Ich ____________ dich.

Nicolas ____________ Auto.

Name: Klasse: Datum:

Piratentest: Lernzielkontrolle

1 Male alle Doppellaute **blau** und alle Selbstlaute **gelb** an.

leicht frisch Häute hören Freund Haustier /4

2 Trenne die Wörter.

Eule Frau bleiben schauen

__________ __________ __________ __________ /4

3 Setze passende Doppellaute ein.

l___se Zw___bel L___te B___me ___fgabe /5

4 Denke dir Wörter aus, die mit folgenden Buchstaben beginnen:

	Namenwort	Tunwort	Wiewort
R r	__________	__________	__________
A a	__________	__________	__________

/6

5 Unterstreiche alle Wiewörter **grün** und setze sie richtig ein.

MACHEN MAGD SANFT WICHTIG BIBER
SPIELEN FARBIG BAD ZAHLEN

ein __________ Kätzchen der __________ Stift

ein __________ Eintrag /3

6 Unterstreiche die verschiedenen Wortarten:
Namenwörter **rot**, Tunwörter **blau**, Wiewörter **grün**, bestimmte Begleiter **gelb**, unbestimmte Begleiter **orange**.

Das tapfere Schneiderlein tötet 7 große Fliegen mit einem kräftigen Schlag. Stickt es nun einen schönen Gürtel? Wer überwältigt die wilden Riesen?

NW /5
TW /3
WW /5
bB /2
uB /2

Name: Klasse: Datum:

16

Piratentest: Lernzielkontrolle

7 Setze Begleiter in der richtigen Form ein.

An __________ schönen Sommertag ging ich mit __________ bissigen Hund spazieren. Plötzlich zog __________ riesige Tier an __________ Leine.

/4

8 Unterstreiche alle Tunwörter **blau** und setze sie richtig ein.

GIB ERKLÄRT MITLEID SCHLÜPFRIG

KRANKHEIT ZÜNDELST SCHWÖRE

Dass du mit Streichhölzern ja nicht __________!
Wer __________ mir die Aufgabe? Ich __________ es dir! Bitte __________ mir endlich meine Sachen zurück!

/4

Von 47 Punkten hast du _______ Punkte erreicht.

Unterschrift:

Aufgabenplan:
Umlaute

17

Klebe diesen Aufgabenplan in dein Käfer-Heft.

Welche Buchstaben fehlen hier? Fülle die Lücken aus.

Hut → H__te Schaf → Sch__fchen Buch → B__cher

Nacht → N__chte Kopf → K__pfe Rock → R__cke

Schreibe diese Buchstaben hier auf. ____________________

Ordne sie jetzt nach dem Abc. ____________________

Was fällt dir auf?

Schreibe den Lernsatz in dein Käfer-Heft.
Lerne ihn auswendig.

10 Wortpaare mit Umlauten

Suche aus der Wörterliste 10 Namenwörter heraus, die in der Mehrzahl einen Umlaut bekommen.

Schreibe sie in dein Käfer-Heft.
Schreibe so: Wort → Wörter

S. S.

Käferspiel
Umlaute

Hausaufgaben für Spieltage
S.
S.

____

○ hat das Thema sehr gut verstanden und kann weiterarbeiten.
○ hat das Thema noch nicht gut genug verstanden und muss etwas wiederholen.

Ergebnis: __________ Unterschrift: ________________

Name: Klasse: Datum:

Piratentest: Lernzielkontrolle

1 Nenne die Umlaute.

______________________________ 3

2 Suche zu jedem Namenwort ein Namenwort mit Umlaut.

Schaf →	______	Kuh →	______
Zahn →	______	Brot →	______
Gras →	______	Wort →	______

/6

3 Auch in Tunwörtern gibt es Umlaute.
Suche zu jedem Tunwort die Grundform.

schläft →	______	muss →	______
hält →	______	wünscht →	______
kann →	______	fängt →	______

/6

4 Verwandle die Sätze.

Das Kind ist krank. → Fragesatz:

____

Scheint heute die Sonne? → Aussagesatz:

______________________________ /6

Von 21 Punkten hast du ______ Punkte erreicht.

Unterschrift:

Aufgabenplan:

Sammelnamen

18

Klebe diesen Aufgabenplan in dein Käfer-Heft.

Peter fährt in den Urlaub. Hol dir „Peters Reiseköfferchen“.

So ein Durcheinander! Nimm die Schachteln und schaffe Ordnung.

Schreibe den Lernsatz in dein Käfer-Heft.

Lerne ihn auswendig.

S. S.

Käferspiel
Sammelnamen

Hausaufgaben für Spieltage
S.
S.

____

O hat das Thema sehr gut verstanden und kann weiterarbeiten.
O hat das Thema noch nicht gut genug verstanden und muss etwas wiederholen.

Ergebnis: ________________ Unterschrift: ________________________

Name: Klasse: Datum: 18

Piratentest: Lernzielkontrolle

1 In jeder Wörterliste steht ein falsches Wort. Streiche es durch. Finde einen Sammelnamen für jede Liste.

Kalb	Arm	Apfel
Hund	Kopf	Glühbirne
Kröte	Bauch	Kirsche
Leseratte	Rücken	Banane
Pferd	Hose	Melone

/6

2 Finde zu jeder Wortgruppe den passenden Sammelnamen.

Tisch Stuhl Regal ____________________

Hammer Säge Feile ____________________

/2

3 Verwandle die Aussagesätze in Fragesätze.

Der Igel ist klein. ____________________

Die Sonne scheint hell. ____________________

/6

4 Unterstreiche die verschiedenen Wortarten: Namenwörter **rot**, Tunwörter **blau**, Wiewörter **grün**, bestimmte Begleiter **gelb**, unbestimmte Begleiter **orange**.

An einem schönen Tag machen wir einen langen Ausflug. Vielleicht fahren wir in das nahe Schwimmbad. Dort spielt ein Kind im erfrischenden Wasser. Der Bademeister ermahnt einen Jungen, der wild herumspritzt.

NW /7
TW /5
WW /5
uB/ 4
bB /2

5 Bilde aus diesem Tunwort drei neue Tunwörter mit Vorsilben.

schauen → ____________ ____________ ____________

/3

Von 40 Punkten hast du ________ Punkte erreicht.

Unterschrift:

Erläuterungen zu den Aufgabenplänen

1. Jahrgangsstufe

Aufgabenplan 1 (s. S. 11 und CD): Selbstlaute

Einordnung des Themas: In unseren Klassen wird das Thema im Deutschunterricht behandelt, nachdem im Leselernprozess alle fünf Selbstlaute eingeführt wurden.

Einführung eines neuen Heftes: Hier kann dem Schüler ein neues Schreibheft (Käfer-Heft) ausgehändigt werden, in dem im weiteren Verlauf des Schuljahres alle Themen zum Bereich *Sprache untersuchen* vereinigt werden.

Erarbeitungsphase des Lernsatzes: Im eher gleichschrittig geführten Unterricht würden den Kindern nun die Lückenwörter an der Tafel präsentiert werden. Bei uns kommt dieser Abschnitt jetzt im Aufgabenplan mit dem hinführenden Arbeitsauftrag: „Welche Buchstaben fehlen hier? Schreibe in die Lücken.“ Es fehlen die Selbstlaute in der richtigen alphabetischen Reihenfolge. Wir haben für die Lückenwörter Wörter ausgewählt, die die Kinder bereits vom Rechtschreibtraining her kennen (s. „Richtig schreiben: Schüler individuell fördern“, Cornelsen Scriptor). Ändern Sie das Wortmaterial, falls nötig, einfach ab. Selbstverständlich muss den Kindern, die als Erste dieses Thema erreichen, Hilfestellung beim Erlesen und Erfassen des Auftrags gegeben werden. Als „Lehrende“ geben diese ihre Kenntnisse gern an die anderen weiter. Nun werden die Lückenbuchstaben auf der Schreiblinie gesammelt.
Das alles sind didaktische Hinweise, die man als Lehrer ansonsten im Unterrichtsgespräch für die Tafelarbeit mündlich gibt. Hier müssen sie eben schriftlich erfolgen.

Das Kind erklärt jetzt der Lehrerin, was es herausgefunden hat. Natürlich wird es das in einem kindgemäßen Wortlaut tun.

Lernsatz: Dann kann ihm der vorbereitete, vorzugsweise laminierte Lernsatz (s. S. 75 und CD) gegeben werden, den die Lehrerin in der Regel zunächst vorliest. Klären Sie hier noch einmal die darin vorkommenden Begriffe. Den Lernsatz können Sie als Computerausdruck oder in handgeschriebener Form ein- oder mehrfarbig herstellen. Um ihn rasch zur Verfügung zu haben, richten Sie sich für die Lernsatz-Abschnitte am besten eine von Ihrem Platz aus gut zugängliche Box o. Ä. ein. Das Kind schreibt den Lernsatz ab und versieht ihn mit einem roten Rahmen, um ihn von den später erfolgenden Aufgaben optisch abzugrenzen. Darauf folgt das Auswendiglernen. Bei der Hausaufgabenkontrolle am folgenden Tag und auch einige Tage später können Sie sich den Lernsatz auswendig aufsagen lassen.

Übungen: Nun erfolgen Übungen. Das Symbol der Brille bedeutet: Das Kind kommt zur Lehrkraft, um seine Arbeit zu zeigen.

Auffüllen mit Übungsmaterial: Sollten Sie das Thema „Selbstlaute“ erst zu einem späteren Zeitpunkt, an dem die Kinder schon über eine größere Buchstabenkenntnis verfügen, behandeln, können Sie eventuell ein Arbeitsblatt in den Aufgabenplan mit aufnehmen.

Individualisierung: Lassen Sie sich bei der täglichen Hausaufgabendurchsicht die Selbstlaute aufsagen, um den Lernstand zu prüfen.

Piratentest: Der erste Aufgabenplan ist geschafft, der „Piratentest“ steht an. Gehen Sie am Pult mit dem Kind (eventuell gleich 2 oder 3 Kindern) die Aufgaben kurz durch und weisen ihm bzw. ihnen störungsfreie und von Ihnen gut einsehbare Plätze im Klassenzimmer zu. Sollte ein Kind eine Aufgabenstellung nicht genau verstanden haben, darf es bei der Lehrerin nachfragen. Bei sehr schwachen Schülern empfiehlt es sich, jeweils nur eine oder zwei Aufgabenstellungen zu besprechen und auf diese Weise die Lernzielkontrolle sukzessive bearbeiten zu lassen.

Auf einen Blick werden Sie vermutlich sehen, ob das Lernziel erreicht wurde. In diesem Fall geben Sie dem Kind sofort mündlich grünes Licht für die Weiterarbeit. Sofern Sie den *Schriftspracherwerb* mithilfe des Unterrichtskonzepts *Lernen in Bausteinen* durchführen, beginnt es jetzt mit dem nächsten Buchstaben.
Hat das Kind in der Lernzielkontrolle zu wenige Punkte erhalten, muss es bei diesem Thema noch weiterüben. Vielleicht haben Sie im Unterricht noch etwas Zeit, ihm weitere Übungen zu geben/ins Heft zu schreiben. Andernfalls muss es sich bis zum nächsten Tag gedulden, um von Ihnen eine Zusatzübung zu bekommen.

Wenn Sie die Lernzielkontrolle korrigiert und den von Ihnen ermittelten Notenschlüssel angewendet haben, tragen Sie das Ergebnis auf der Schatzkarte des Kindes in den Goldtaler „Selbstlaute“ ein. Nun können Sie ihm den Piratentest zurückgeben. Dazu bringt es Ihnen sein Heft mit dem betreffenden Aufgabenplan. Im unteren Teil kreuzen Sie die richtige Aussage an und tragen unter „Ergebnis“ die Punkteanzahl oder die Note ein. Im Falle eines erfolgreichen Resultats kreisen Sie „sehr gut“, „gut“ („sehr“ wird durchgestrichen) oder „verstanden“ („sehr gut“ wird durchgestrichen) ein. Anschließend heftet das Kind diese Lernzielkontrolle in seinem Ordner oder seiner Mappe ab. Da die Piratentests nicht mit nach Hause gegeben werden, können die Eltern sie in der Schule einsehen.
Im Falle des Nichtbestehens und nach erfolgter und größtenteils erfolgreicher Zusatzübung schreibt das Kind die Lernzielkontrolle noch einmal, um sich dieses Mal sicherlich zu verbessern. Bei den Themen „Namenwörter für Pflanzen“ (Aufgabenplan 5) und „Begleiter“ (Aufgabenplan 6) finden Sie eine zweite gleichwertige Lernzielkontrolle auf der CD. Dieses zweite Ergebnis wird ebenfalls in die Schatzkarte in den Goldtaler und in den Aufgabenplan 5 eingetragen. Bei der Ermittlung einer Gesamtziffernote werden beide Ergebnisse berücksichtigt.

Zu den folgenden vier Aufgabenplänen:

In unserem Buchstabenlehrgang können die Schüler nach dem Laut *ie* von den vier Kategorien der Namenwörter (Tiere, Menschen, Dinge, Pflanzen) zuerst das Wort „Tiere" vollständig lesen. Die anderen drei Namenwörter-Themen (Menschen, Dinge und Pflanzen) werden nach entsprechender Buchstaben-/Lautkenntnis an der richtigen Stelle im Buchstabenlehrgang dazwischengeschoben.
Vielleicht müssen Sie die Reihenfolge gemäß Ihrem Buchstabenlehrgang abändern.

Aufgabenplan 2 (s. S. 13 und CD): Namenwörter für Tiere

Erarbeitungsphase des Lernsatzes: Ändern Sie gegebenenfalls die Tierwörter, falls Ihre Kinder im Vorfeld andere Buchstaben gelernt haben.

Grau hinterlegte Felder sind Überschriften: Im Aufgabenplan folgt auf das Schreiben des Lernsatzes eine Einkreisaufgabe. Darunter befindet sich das grau hinterlegte Wort „Tiere". Erklären Sie, dass solche grau hinterlegten Felder als Überschriften farbig ins Heft zu übertragen sind. Dann kann das Kind die eingekreisten Tier-Namenwörter richtig, mit großem Anfangsbuchstaben, ins Heft schreiben.

Arbeit mit oder ohne Wörterbox: Wenn Sie im Bereich *Richtig schreiben* in Ihrer Klasse mit einer Wörterbox arbeiten (s. auch „Richtig schreiben: Schüler individuell fördern", Cornelsen Scriptor), sucht das Kind dort die Tier-Wortkarten, um diese Namenwörter einzukreisen. In unseren Klassen symbolisiert die Farbe Rot stets die Namenwörter. Möglicherweise müssen Sie im Aufgabenplan die Farbe ändern.
Wenn Sie ohne Wörterbox arbeiten, löschen Sie in der entsprechenden Datei von der CD diese Zeile. Gleichen Sie alle späteren Aufgabenpläne an. Vielleicht haben Ihre Schüler eine Wörterliste mit dem Grundwortschatz und können dort nach Tier-Namenwörtern suchen. Nehmen Sie dann diesen Arbeitsauftrag in den Aufgabenplan auf.

Piratentest: In der Lernzielkontrolle ist durchgängig darauf zu achten, dass der erste Buchstabe groß-, die anderen Buchstaben des Tier-Namenwortes kleingeschrieben werden. Werden von den Schülern bei den Aufgaben 3 und 4 Laute vergessen, spielt das bei unserer Benotung keine Rolle. Unser Augenmerk liegt auf dem Aspekt der Großschreibung und weniger auf dem orthogafischen Aspekt der Laut-Buchstaben-Zuordnung. Bei der Rückgabe der Lernzielkontrolle gehen Sie wie oben beschrieben vor.

Aufgabenplan 6 (s. S. 21 und CD): Begleiter

Übung 20 Namenwörter mit Begleiter: Falls Sie ohne Wörterbox arbeiten, ändern Sie den Arbeitsauftrag einfach ab: Suche Namenwörter aus der Wörterliste oder im Klassenzimmer.

Piratentest: Da die Aufgaben in der Lernzielkontrolle schon anspruchsvoller werden, erhalten manche Schüler zu wenige Punkte, um weiterarbeiten zu können. Geben Sie diesen Kindern zusätzliches Übungsmaterial, bevor sie die Variante 2 der Lernzielkontrolle bearbeiten.

Aufgabenplan 7 (s. S. 24 und CD): Namenwörter in Einzahl und Mehrzahl

Erarbeitungsphase des Lernsatzes: Die Schüler finden in der Regel leicht die fehlenden Wörter, also die Mehrzahlformen.

Wie viele? Die Lehrerin fragt, wie viele Bäume, wie viele Häuser, wie viele Löffel jeweils auf der linken Seite stehen. Das Kind erkennt: „Da ist ein Baum." Das Wort „ein" wird auf die Schreiblinie geschrieben. Die gleiche Frage soll bei der Mehrzahl-Spalte zu der Antwort „mehrere" führen.

Lernsatz: Dieser wird vom Schüler vorgelesen, man klärt an den darunterstehenden Beispielen, warum das Wort „meistens" im Lernsatz vorkommt.

Aufgabenplan 8 (s. S. 26 und CD): Namenwörter für nicht anfassbare Dinge

Teilung des Aufgabenplans: Dieser Aufgabenplan ist sehr umfangreich. Wir haben ihn nach dem Kopieren einfach in Teile geschnitten:

Teil 1 → Aufgaben 1 bis 3
Teil 2 → Aufgaben 4 bis 10
Teil 3 → Aufgaben 11 bis 12 und Auswertung für Piratentest

Aufgabenplan 9 (s. S. 32 und CD): Tunwörter

Vorbereitung: Kopieren Sie die beiden Seiten, die dem Aufgabenplan folgen. Zerschnitten und laminiert werden die Bild- und Wortkarten zu den Kopien des Aufgabenplanes gelegt.

Erarbeitungsphase des Lernsatzes: Durch das Aufsagen aller Bild-Wort-Zuordnungen gemäß dem angegebenen Beispiel („Die Kinder hüpfen." usw.) und dem anschließenden Vorspielen vor der Lehrerin soll den Schülern bewusst werden, dass Tunwörter mit Aktionen verbunden sind, dass man sie also „tun" kann. Zur Einsicht in die Schreibweise reicht das Hinweisen auf den Erstbuchstaben der Wortkarten.

Individualisierung: Fragen Sie das Kind in den nächsten Tagen immer wieder nach der Tunwort-Frage.

Arbeit mit der Wörterbox: In unseren Klassen werden die Tunwörter mit der Farbe Blau symbolisiert. Möglicherweise müssen Sie im Aufgabenplan die Farbe ändern.

2. Jahrgangsstufe

Aufgabenplan 10 (s. S. 36 und CD): Satzarten

Vorbereitung: Kopieren Sie die Seite „Die Kuchenbäcker", die dem Aufgabenplan folgt. Laminiert wird das Bild zu den Kopien des Aufgabenplanes gelegt.

Erarbeitungsphase des Lernsatzes: Durch das betonte Vorlesen werden die Kinder auf den unterschiedlichen Tonfall bei den verschiedenen Satzarten aufmerksam gemacht. Die Lehrkraft spricht mit den Kindern über die Sprachmelodien bei Frage-, Ausrufe- und Aussagesätzen.

„Käferspiel": Im Anschluss an eine Übungsphase freuen sich die Kinder auf das spielerische Üben (s. Spielanleitung S. 7 und CD) Hier heißt es wieder, den schnellsten Kindern die Vorgehensweise zu erklären und diese als Multiplikatoren einzusetzen. Für schriftliche Hausaufgaben können Sie Seiten/Aufgaben im Arbeitsheft angeben und/oder das Symbol für ein Arbeitsblatt, falls Sie dieses für notwendig erachten.

Spieltage: Die Zeit für das Spiel kann, abhängig von der Anzahl der Mitspieler oder vom Zeitpunkt des Spielbeginns innerhalb der Sprachen-untersuchen-Phase, einen Tag bzw. zwei, selten drei Vormittage betragen. Damit die Schüler an diesen Spieltagen ihre Kenntnisse auch mithilfe von schriftlichen Hausaufgaben am Nachmittag vertiefen, achten wir darauf, dass wir im Aufgabenplan Seiten/Aufgaben des Arbeitsheftes für diese Spielphase vorsehen.
Haben Sie sich entschlossen, ohne Arbeitsheft zu arbeiten, oder gibt es in Ihrem Arbeitsheft nur wenige Aufgaben zu einem bestimmten Thema, können Sie an dieser Stelle den Aufgabenplan mit dem Symbol für Arbeitsblätter auffüllen und diese dann den Schülern zur Verfügung stellen.

Aufgabenplan 11 (s. S. 39 und CD): Tunwörter in der Grundform Tunwörter in den Personalformen

Dieser Aufgabenplan deckt den Lerninhalt zweier „Goldtaler" ab, deswegen gibt es einen Lernsatz für die Tunwörter in der Grundform und den Merkeintrag auf dem A4-Ausdruck des Tunwörterbaumes mit den Personalformen.

Vorbereitung: Vergrößern Sie den Tunwortbaum auf DIN A3. Laminiert wird er zu den Kopien des Aufgabenplanes gelegt. Kopieren Sie die Seiten „Blätter mit Personalformen für den Tunwortbaum" (11c) und „Blätter mit Endungen der Personalformen" (11d) auf verschiedenfarbiges Papier und schneiden Sie die Blätter aus. Legen Sie diese laminiert (in einer Box oder mit Gummi in Päckchenform) zum Tunwortbaum.

Erarbeitungsphase des Merkeintrags zu den Personalformen (Tunwortbaum): Nach dem Auflegen der Blätter auf der DIN-A3-Vorlage des Tunwortbaumes lässt sich die Lehrerin alle Personalformen aufsagen. Angefangen wird mit dem Blatt „1. ich". Die beiden „sie" werden nach der Anzahl der Personensymbole unterschieden. „4. sie" steht für ein einziges Mädchen, „8. sie" steht für mehrere Kinder. Dann übertragen die Kinder als Merkeintrag die Personalformen und die Tunwortendungen auf ihren Tunwörterbaum (A4).

Aufgabenplan 12 (s. S. 47 und CD): Tunwörter mit Vorsilben

Vorbereitung: Kopieren Sie die Vorsilben- und Tunwörterkreise auf verschiedenfarbiges Tonpapier. Nach dem Ausschneiden ist das Laminieren zur besseren Haltbarkeit ratsam.
Durchbohren Sie für das Vorsilben-Rad 1 den 1er-Kreis und den großen „laufen"-Kreis und heften Sie beides mit einer Drehklammer so zusammen, dass die Vorsilben dicht an „laufen" heranrücken. Verfahren Sie bei den anderen beiden Kreisen genauso.

Erarbeitungsphase des Lernsatzes: Die Schüler sollen die Unterschiede zwischen z. B. „hinlaufen", „weglaufen", „verlaufen" erklären. Dadurch verstehen sie, dass Tunwörter mit Vorsilben ihren Sinn verändern.

Aufgabenplan 13 (s. S. 50 und CD): Bestimmte und unbestimmte Begleiter

Vorbereitung: Kopieren Sie die Geschichte von Felix und seinen Wunschzettel (13 b) und laminieren Sie beides. Sammeln Sie aus Katalogen zwei oder mehr Bilder jedes Wunsches (2 oder mehr Bälle, 2 oder mehr Badehosen usw.), kleben Sie jedes einzeln auf und laminieren Sie auch diese Bildkärtchen. Legen Sie alles zusammen in ein Kistchen und beschriften Sie es mit „Felix' Wunschkiste".

Erarbeitungsphase des Lernsatzes: Die Schüler sollen herausfinden, dass durch den Gebrauch von ein/eine ein Gegenstand nicht genau bestimmt werden kann, dass also nicht klar ist, welchen von den Bällen Felix sich wünscht, usw. Erst durch die Antwort auf Omas Frage: „Was genau soll es sein?", kann mit „**Der** Ball soll es sein!" auf den richtigen Ball gezeigt werden.

Aufgabenplan 14 (s. S. 54 und CD): Zusammengesetzte Namenwörter

Erarbeitungsphase des Lernsatzes: Dem Kind soll klar werden, dass Franz sich zu ungenau ausgedrückt hat. Damit wird es darauf aufmerksam gemacht, dass es sich mithilfe von zusammengesetzten Namenwörtern genau ausdrücken kann. Anschließend wird der Blick auf die Schreibweise gerichtet.

Aufgabenplan 15 (s. S. 57 und CD): Wiewörter

Vorbereitung: Suchen Sie aus Zeitschriften etc. sechs Bilder verschiedener Katzen heraus, eine sollte genau zu Katjas Sätzen passen (evtl. ändern Sie auf der CD Katjas Sätze ab, um sie an Ihr Katzenbild anzupassen). Kleben Sie die Katzenbilder auf ein Blatt und laminieren Sie dieses. Kopieren Sie das Katzenrätsel, laminieren Sie es ebenfalls und kleben Sie es an das Blatt mit den Katzenbildern.

Erarbeitungsphase des Lernsatzes: Nachdem das Kind der Lehrkraft die Lösung des Rätsels erklärt hat, geht diese die drei Fragen unterhalb des Rätsels durch. Von Katjas Sätzen hilft jeweils das Wiewort, um auf die Spur der richtigen Katze zu kommen.

Arbeit mir der Wörterbox: In unseren Klassen werden die Wiewörter mit der Farbe Grün symbolisiert. Möglicherweise müssen Sie im Aufgabenplan die Farbe ändern.

Aufgabenplan 18 (s. S. 69 und CD): Sammelnamen

Vorbereitung: Besorgen Sie sich ein Kinderköfferchen o. Ä. (Flohmarkt), in das Sie die im Lernsatz genannten neun Gegenstände ungeordnet hineinlegen (oder andere Gegenstände, die Sie dann im Lernsatz auf der CD ändern). Legen Sie auch drei Boxen oder Schachteln ins Köfferchen, in die die Gegenstände sortiert werden können.

Erarbeitungsphase des Lernsatzes: Der Schüler erklärt der Lehrerin, nach welchen Gesichtspunkten er die Gegenstände geordnet hat. Dabei soll er Sammelnamen benutzen.

Lernsätze:

1. Jahrgangsstufe

1 Selbstlaute

a, *e*, *i*, *o*, *u* klingen im Mund von selbst. Es sind Selbstlaute.

2 Namenwörter Tiere

Tiere haben Namen.
Wir schreiben die Namenwörter für Tiere groß.

3 Namenwörter Menschen

Menschen haben Namen.
Wir schreiben die Namenwörter für Menschen groß.

4 Namenwörter Dinge

Dinge haben Namen.
Wir schreiben die Namenwörter für Dinge groß.

5 Namenwörter Pflanzen

Pflanzen haben Namen.
Wir schreiben die Namenwörter für Pflanzen groß.

6 Begleiter

Namenwörter haben Begleiter:
der Baum – ein Baum
die Blume – eine Blume
das Auto – ein Auto

7 Namenwörter in der Einzahl und Mehrzahl

Namenwörter stehen meistens in der Einzahl und Mehrzahl:
der Junge – die Jungen
die Lampe – die Lampen
das Auto – die Autos
das Gemüse – /
/ – die Eltern

Lernsätze:

1. Jahrgangsstufe

8 Namenwörter für nicht anfassbare Dinge

Es gibt auch nicht anfassbare Dinge, die großgeschrieben werden. Auch das sind Namenwörter.

Überprüfe mit ein/eine und der/die/das und der Mehrzahl:

eine Aufgabe – die Aufgabe – die Aufgaben
eine Minute – die Minute – die Minuten
ein Januar – der Januar – /

9 Tunwörter

Tunwörter sagen, was Menschen, Tiere und Dinge tun.
Wir schreiben sie klein.

Du findest sie, wenn du fragst:
„Was tut man?“

Lernsätze:

2. Jahrgangsstufe

10 Satzarten

Nach einem Fragesatz steht ein Fragezeichen:
Wie heißt du?

Nach einem Ausrufesatz steht ein Ausrufezeichen:
Aua, das tut weh!

In einem Aussagesatz erzähle ich etwas mit normaler Stimme.
Am Satzende steht ein Punkt:
Gestern war ich bei meiner Oma.

11 Tunwörter in der Grundform

Mit der Frage „Was tut man?“ finde ich das Tunwort.
Es steht dann in der Grundform.

Was tut man? – laufen, suchen

11 Tunwörter in den Personalformen

→ Das Arbeitsblatt „Tunwortbaum“ und die vom Schüler eingetragenen Personalformen und Tunwortendungen stellen den Merkeintrag dar.

12 Tunwörter mit Vorsilben

Vorsilben geben Tunwörtern einen anderen Sinn.
Vorsilbe und Tunwort schreibe ich zusammen.

13 Bestimmte und unbestimmte Begleiter

Zu Namenwörtern gehören Begleiter.
Unbestimmte Begleiter: ein, eine
Bestimmte Begleiter: der, die, das

Die unbestimmten Begleiter sagen nicht genau,
was gemeint ist.

Die bestimmten Begleiter zeigen ganz genau,
was gemeint ist.

Lernsätze:

2. Jahrgangsstufe

14 Zusammengesetzte Namenwörter

Namenwörter kann ich zusammensetzen.
Sie heißen dann zusammengesetzte Namenwörter.

Zusammengesetzte Namenwörter helfen,
etwas genauer zu sagen:
Fuß + Ball = Fußball
Wasser + Ball = Wasserball

Manchmal muss ich ein *n* oder ein *s* einfügen:
Klasse + Zimmer = Klassenzimmer
Monat + Kalender = Monatskalender

15 Wiewörter

Wiewörter sagen uns, wie etwas aussieht oder wie etwas ist.

Du findest sie mit der Frage: „Wie ist es?“
Wir schreiben sie klein.

16 Doppellaute

Zwei Selbstlaute, die zusammenklingen, heißen Doppellaute:
hier, neun, aus, nein, Mäuse, Mai

17 Umlaute

Die zwei Pünktchen schalten *a*, *o*, *u* um zu *ä*, *ö*, *ü*.
Nacht → Nächte
Kopf → Köpfe
Hut → Hüte
ä, *ö*, *ü* heißen Umlaute.

18 Sammelnamen

Sammelnamen helfen, Dinge zu ordnen.

Kleidung: Unterhose, Mütze, T-Shirt
Spielzeug: Auto, Puppe, Bausteine
Schulsachen: Pinsel, Heft, Stift

Spielplan

Käferspiel

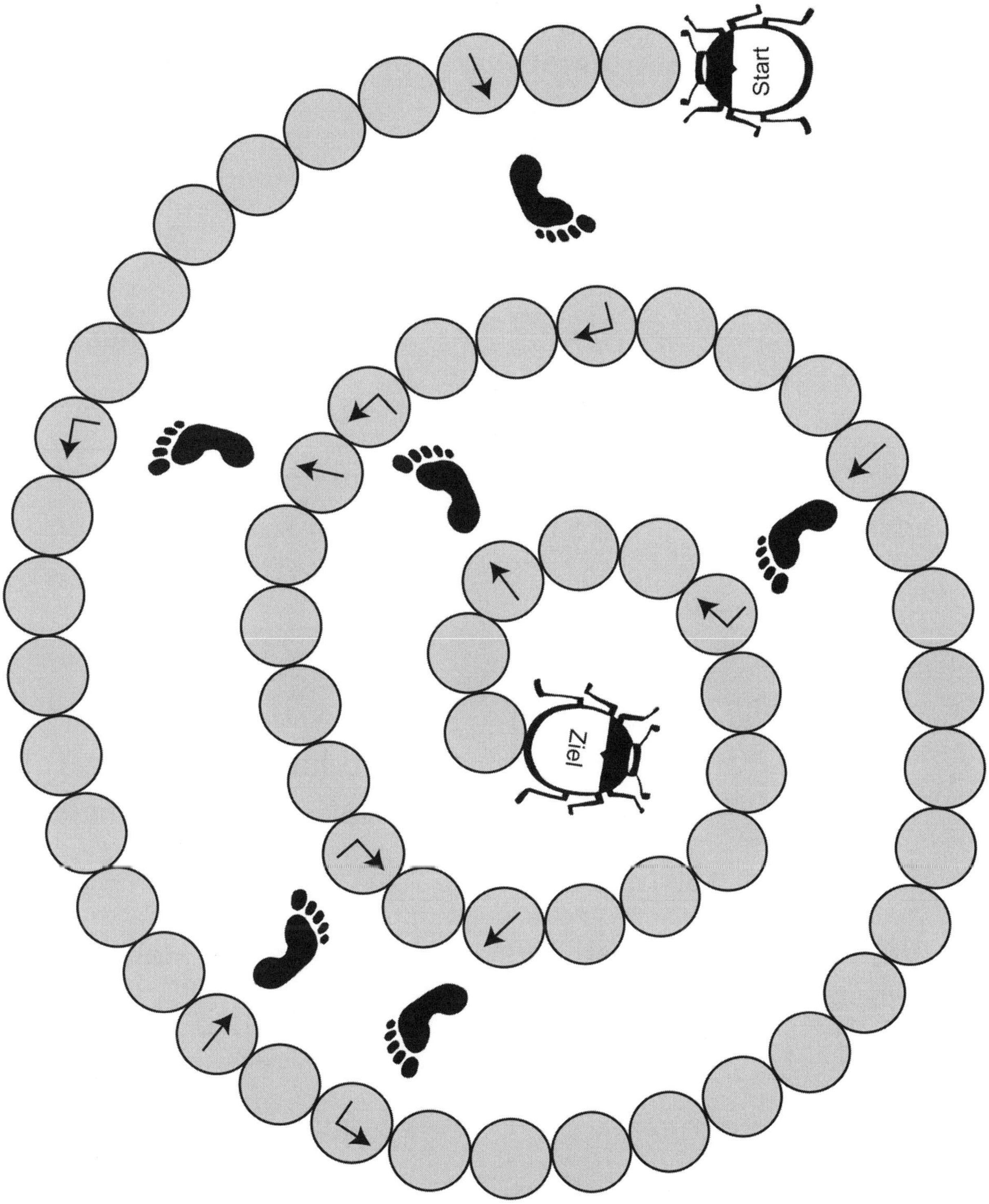

Spielkarten zum Aufgabenplan 10

Aufgabenkarten ✂

Start **Satzarten**	Startfrage Aussagesatz, Fragesatz oder Ausrufesatz? Welches Satzzeichen?	Wie geht es dir ☐	Wie schreck-lich ☐
Ich gehe jetzt ins Bett ☐	Juhu, bald sind Ferien ☐	Wann ist der Film aus ☐	Gleich gongt es zur Pause ☐
Der Oster-hase kommt bald ☐	Meine Tante ist jung ☐	Wann hast du denn Ge-burtstag ☐	He, du hast mich geschubst ☐
Geh endlich nach Hause ☐	Aus Eiern schlüpfen Küken ☐	Wie viel Geld hast du ☐	Wer hat das an die Tafel gemalt ☐
Wann geht die Reise los ☐	O weh, der Abschied tut weh ☐	Hurra, der Nikolaus war da ☐	Heute Nacht hat es geregnet ☐
Haben wir heute schulfrei ☐	Juhu, heute haben wir schulfrei ☐	Gestern hatten wir schulfrei ☐	Wer gewinnt bei diesem Spiel ☐

Spielkarten zum Aufgabenplan 10

Lösungskarten ✂

Ausrufesatz !	Fragesatz ?		
Aussagesatz .	Fragesatz ?	Ausrufesatz !	Aussagesatz .
Ausrufesatz !	Fragesatz ?	Aussagesatz .	Aussagesatz .
Fragesatz ?	Fragesatz ?	Aussagesatz .	Ausrufesatz !
Aussagesatz .	Ausrufesatz !	Ausrufesatz !	Fragesatz ?
Fragesatz ?	Aussagesatz .	Ausrufesatz !	Fragesatz ?

Spielkarten zum Aufgabenplan 11

Aufgabenkarten

Start **Tunwörter haben Personal-formen**	Startsatz Finde zu jedem Tunwort eine passende Personalform!	laufen	singen
fahrt	spielen	redest	suchst
liest	zeigst	pfeifst	machst
kocht	baust	fällt	schläft
male	übe	schreibe	turne
wascht	ruft	tanzt	rechnet

Spielkarten zum Aufgabenplan 11

Lösungskarten ✂

wir/sie	wir/sie		
du	du	wir/sie	ihr
du	du	du	du/er/ sie/es
er/sie/es	er/sie/es	du	er/sie/es ihr
ich	ich	ich	ich
er/sie/es ihr	du/er/sie/ es/ihr	er/sie/es ihr	ihr

Spielkarten zum Aufgabenplan 12

Aufgabenkarten ✂

Start **Tunwörter haben Vorsilben**	Startsatz Finde zu jedem Tunwort immer drei Vorsilben! **zu über vor ab ver mit her aus unter an auf hin**	gehen	laufen
halten	singen	fahren	malen
schreiben	bauen	waschen	reden
suchen	zeigen	lesen	pfeifen
rufen	tanzen	rechnen	reiten
schwimmen	machen	kochen	schlafen

Spielkarten zum Aufgabenplan 12

Lösungskarten ✂

zu- über- vor- ab- ver- mit- her- aus- unter- an- auf- hin-	zu- über- vor- ab- ver- mit- her- aus- an- auf- hin-		
zu- über- vor- ab- mit- aus- unter- an- auf- hin-	über- vor- ab- ver- mit- her- aus- an- auf- hin-	vor- ver- mit- an-	zu- vor- ab- ver- mit- her- aus- unter- an- auf- hin-
zu- über- vor- mit- aus- unter- an-	vor- ab- mit- aus-	zu- über- ab- ver- mit- aus- an- auf- hin-	über- vor- ab- ver- mit- aus- unter- an- auf- hin-
vor- ab- ver- mit- her- aus- an-	über- vor- ab- ver- mit- aus- an-	vor- mit- her- an- auf- hin-	ab- ver- mit- aus- unter- auf-
zu- vor- ab- mit- her- aus- hin-	vor- ab- ver- mit- aus- an- auf-	vor- ab- mit- her- an- hin-	zu- vor- ab- mit- aus- an- auf-
über- vor- ver- aus-	vor- ver- mit- an- auf- über-	zu- vor- ab- ver- mit- her- aus- an- auf- hin-	vor- mit- her- hin-

Spielkarten zum Aufgabenplan 13

Aufgabenkarten ✂

Start **Bestimmte und unbestimmte Begleiter**	Startsatz Finde zu jedem Namenwort den richtigen Begleiter!	___ Wolke unbe B	___ Hand unbe B
___ Kälte unbe B	___ Teddy unbe B	___ Weg unbe B	___ Ohr unbe B
___ Schuh be B	___ Rücken be B	___ Jahr be B	___ Aufgabe be B
___ Boden be B	___ Hemd be B	___ Obst be B	___ Bruder unbe B
___ Mann be B	___ Wind unbe B	___ Baum be B	___ Lexikon unbe B
___ Freundin be B	___ Winter be B	___ Haus unbe B	___ Frucht be B

Spielkarten zum Aufgabenplan 13

Lösungskarten ✂

eine	eine		
ein	ein	ein	eine
die	das	der	der
ein	das	das	der
ein	der	ein	der
die	ein	der	die

Spielkarten zum Aufgabenplan 14

Aufgabenkarten ✂

Start **zusammen-gesetzte Namenwörter**	Startsatz Bilde mit dem Namenwort ein sinnvolles zusammen-gesetztes Namenwort!	Garten	Haus
Apfel	Aufgabe	Busch	Hecke
Herbst	Winter	Wurzel	Zucker
Raupe	Rock	Hose	Platz
Maus	Eule	Fenster	Buch
Gemüse	Ast	Auto	Vogel

Spielkarten zum Aufgabenplan 15

Aufgabenkarten ✂

Start **Wiewörter**	Startsatz Finde zu jedem Namenwort ein sinnvolles Wiewort! Frage so: Wie ist...?	Garten	Haus
Apfel	Aufgabe	Busch	Hecke
Herbst	Winter	Wurzel	Zucker
Raupe	Rock	Hose	Platz
Maus	Eule	Fenster	Buch
Gemüse	Ast	Auto	Vogel

Spielkarten zum Aufgabenplan 16

Aufgabenkarten ✂

Start **Doppellaute**	Startfrage Welcher Doppellaut steckt in dem Wort? **ei au ie äu eu**	dein	Eule
Dienstag	drei	Autos	Mäuse
Freunde	leise	Wiese	Tiere
Leute	Bäume	Aufgabe	wieder
Häuser	Weihnachten	August	schreiben
vier	Zeit	Zwiebel	Euro

Spielkarten zum Aufgabenplan 16

Lösungskarten ✂

Eu	ei		
äu	Au	ei	ie
ie	ie	ei	eu
ie	Au	äu	eu
ei	Au	ei	äu
Eu	ie	ei	ie

Spielkarten zum Aufgabenplan 17

Aufgabenkarten

Start **Umlaute**	Startfrage Von welchem Wort kommt das Umlautwort?	**Kälte** kommt von …	**älter** kommt von …
Äpfel kommt von …	**Äste** kommt von …	**Bänke** kommt von …	**Bälle** kommt von …
Blätter kommt von …	**Brötchen** kommt von …	**Büsche** kommt von …	**fährt** kommt von …
fällt kommt von …	**fängt** kommt von …	**Gärten** kommt von …	**Gräser** kommt von …
Hälse kommt von …	**hält** kommt von …	**Hände** kommt von …	**härter** kommt von …
Männer kommt von …	**schläft** kommt von …	**trägt** kommt von …	**Zähne** kommt von …

Spielkarten zum Aufgabenplan 17

Lösungskarten ✂

alt	kalt		
Ball	Bank	Ast	Apfel
fahren	Busch	Brot	Blatt
Gras	Garten	fangen	fallen
hart	Hand	halten	Hals
Zahn	tragen	schlafen	Mann

Spielkarten zum Aufgabenplan 18

Aufgabenkarten ✂

Start **Sammel- namen**	Startsatz Finde den richtigen Sammelnamen!	Amsel, Meise, Schwalbe	Hund, Katze, Maus
A, M, S	1, 2, 3	Mütze, Hose, Pulli	Kirsche, Zwetschge, Birne
Tisch, Stuhl, Bett	Kinderbibel, Lesebuch, Mathebuch	Bleistift, Heft, Mäppchen	Kuli, Bleistift, Füller
Hammer, Säge, Bohrer	Tanne, Kirschbaum, Fichte	Bausteine, Puzzle, Puppenstube	Bonbons, Schokolade, Kekse
Tomate, Karotte, Gurke	Stiefel, Sandalen, Halbschuh	Lena, Sabina, Maria	Nicolas, Stefan, Fabian
Opa, Onkel, Tante	Bäcker, Metzger, Maurer	Tulpe, Veilchen, Sonnenblume	Cola, Limo, Saft

Spielkarten zum Aufgabenplan 18

Lösungskarten ✂

Tiere	Vögel		
Obst	Kleidung	Zahlen	Buchstaben
Stifte	Schulsachen	Bücher	Möbel
Süßigkeiten	Spielzeug	Bäume	Werkzeug
Jungen	Mädchen	Schuhe	Gemüse
Getränke	Blumen	Berufe	Familie, Verwandte

Fitmacher für die Grundschule

Lehrerbücherei Grundschule *Deutsch*	ISBN 978-3-589-
Bildungsstandards für die Grundschule: Deutsch konkret	05138-0
Gute Aufgaben Deutsch	05131-1
Lesekompetenz erwerben, Literatur erfahren	05105-2
Lese- und Rechtschreibschwierigkeiten: vorbeugen und überwinden	05120-5
Richtig schreiben lernen von Anfang an	05126-7
Sprachunterricht heute	05121-2
Texte bearbeiten, bewerten und benoten	05076-5
Umgang mit Gedichten	05145-8
Zeit für die Schrift. Band I / Band II	05108-3 / 05104-5
Basis	
Lesen lernen in der Grundschule **NEU**	05156-4
Ideenwerkstatt	
45 Unterrichtsideen Deutsch **NEU**	05160-1
Kompakt	
Sprache untersuchen und erforschen	05151-9
Schule und Unterricht	
80 Methoden für die Grundschule	05147-2
Gespräche mit Kindern	05137-3
Jungen besser fördern	05144-1
Kinder individuell fördern	05127-4

Informieren Sie sich unter der Nummer 0180 12 120 20 (3,9 ct/min. aus dem Festnetz der Dt. Telekom) oder in unserem Onlineshop: www.cornelsen-shop.de

Cornelsen
SCRIPTOR